ICH WIDME DIE GESCHICHTEN DES EI
REN KINDERN UND ENKELKINDERN
& JUGENDLICHEN, DIE WALBURGA
JAHRE BEGLEITEN DURFTEN. SIE WAR
MAULWÜRFE. BAUT EURE HÜGEL W

KIERAN
KATHRIN
LUKAS
MIRJAM
ETTE
NONA

VIVIENNE
LEVIN
GLORIANA
NELE
MALTE
?
?
?

DIE GESCHICHTEN DES EDUARD KRATZFUSS

»WAS MAN IHNEN NOCH NIE ERZÄHLT HAT,
DAS SEHEN SIE JETZT,
UND WAS SIE NOCH NIE GEHÖRT HABEN,
DAS VERSTEHEN SIE JETZT!«

E.P.H.

EDUARD KRATZFUSS

GESCHICHTEN EINES MAULWURFS

EINE PARABEL
VON ERWIN P. HILBERT

ILLUSTATION
MANUEL NORDUS

VORWORT
PROF. (UNIV. DUBNA) BARBARA MAASCHE

1. Auflage 2010
© fe-medienverlags GmbH
Hauptstraße 22, D-88353 Kisslegg
www.fe-medien.de

Erwin Paul Hilbert
www.himmelscafe.de

Schuhzitat & Text: »Wozu sind Kriege da?« (Seite 52)
Udo Lindenberg

Rotkehlchenzitat (Seite 122):
Selma Lagerlöf

Illustrationen und Umschlaggestaltung:
Manuel Nordus, Palme Design Nordus, Palingen

www.palme-design.de

Druck
Auer, Donauwörth

ISBN 978-3-939684-81-7

Printed in Germany

INHALT

Vorwort 6

Es war einmal 7

Geburt eines Erfinders 10

Lebensgefahr in Rom 12

Mutterverlust tut weh 14

Auf nach »Obamaland« 17

Ankunft in einer neuen Welt 25

Pepitaland ist eng 40

Hügelworte 44

Das große Geschenk 55

»Lebst du noch?« 60

Der geheime Plan 63

Die verbotene Tat 69

Über rote Ampeln 74

Auf nach Gotteshausen 79

»Beam & Wumm« 81

»Heiliges« Land 85

Golgatha, das Letzte Spiel 93

»Hau Ruck! Hau Ruck! Hau Ruck!« 101

Abflug nach Himmelshausen 107

Zurück im Heimatboden 110

Hochzeit im Vatikan 112

Sonderwühlrechte beim Papst 115

Flitterwochen in Hamburg 120

Ausblick 124

Danksagung 125

Zum Geleit

Ein Vorwort von
Prof. (Univ. Dubna) Barbara Maasche,
Fachärztin für Psychosomatische Medizin
und Psychotherapie, Potsdam

B ei meiner Arbeit als Psychotherapeutin begegnen mir mit den Menschen viele Tiere. Geprügelte Hunde, bunte Vögel, hohe, arme Schweine, Schweinehunde, Angsthasen und überhaupt die ganze Arche Noah! Und nun auch ein Maulwurf.

»Ach, ist der süß!« Das Herz geht mir auf, wenn ich diese Lebensfreude erlebe! Der Name Eduard Kratzfuss lässt mich ein wenig zögern. Ist ein »Kratzfuss« nicht eine Geste der demütigen Unterwerfung? Dieses Thema lieben wir Therapeuten nicht. Unser Fokus ist da schon eher die Autonomie. Aber Eddy beruhigt mich gleich mit seiner scheinbar unverfänglichen und unvermeidbaren Kratzerei durch das Erdreich. Was soll er auch sonst tun?!

Nichts Weltbewegendes ahnend, begleite ich Eddy also bei seinen Abenteuern und bin – ob ich das will oder nicht – bei all den überlebenswichtigen Fragen gelandet, die das Leben stellt und für deren Antworten oft das eigene Vermögen nicht ausreicht.

Erwin Paul Hilbert gelingt es mit liebevollem Humor und unerschütterlichem Glauben, seinen pfiffigen Maulwurf genau an den Ecken und Kanten unseres Herzens und unseres Tuns kratzen zu lassen, die wir am liebsten nur bei den anderen sehen.

Dieser kleine Kerl mit dem weichen Fell kriecht in die Hochsicherheitstrakte unserer Seele, stellt das Mobiliar auf den Kopf, spielt Klavier und andere Sachen und lehrt uns, dass Kratzfuss nicht nur ein Name, sondern Programm ist. Für alle, die das »Kratzen« erlernen, verstehen oder nicht lassen können, sind die Geschichten von Eduard Kratzfuss Pflichtlektüre!

Ich freue mich auf Eddy und seine Abenteuer.

G. Maasche

Es war einmal ein Maulwurf. Seine Eltern gaben ihm den Namen Eduard. Freunde nannten ihn Eddy. Er kratzte sich stets auf seine Art unter- und manchmal auch überirdisch durch eine Welt voller Überraschungen. Dabei hinterließ er von Zeit zu Zeit einen halben fußballgroßen Erdhaufen, den die Leute meist als störend empfanden. Und weil Eduard unberechenbar war und man nie genau wusste, wo er gerade wieder herumkratzte, galt er bei den meisten Menschen als Feind. Nur die wenigsten erkannten ihn wirklich ...

Sie liebten ihren glattrasierten Rasen mit den Dreizentimeterhalmen mehr als den kleinen süßen Eduard und seine Überraschungshäufchen. Man stellte ihm Fallen, versuchte seine unterirdischen Gänge sogar mit Gift zu füllen, wollte ihn also am liebsten in seinem Bau ersticken und einige ganz gemeine Menschen warteten sogar mit einer Mistgabel in ihrer Hand auf den kleinen Eddy. Sie hätten ihn gern auf frischer Tat durchspießt, wenn er gerade wieder einen halben fußballgroßen Erdhaufen nach oben kratzte, um dann freudestrahlend zu rufen:

»DA IST DER LUMP! NUN IST ES
ABER AUS MIT DEM KERL!«

Doch bevor ihn dieses Schicksal hätte ereilen können, war Eddy auch schon wieder weg. Eduard war so schnell wie jemand, der den Lichtschalter im Schlafzimmer ausmacht, aber bereits im Bett liegt, bevor das Licht ausgeht. Er zog sich mit seinem glatten, samtartig grauschwarzen Fell und seinen kräftigen Wühlarmen zurück in seine Welt von Gängen, Gruben und Höhlen.

Mit seiner spitzen und überaus klugen Nase und seinen kleinen schlauen Augen fand er immer wieder einen Weg heraus aus den Gefahren der manchmal gar nicht so netten Menschenkinder. Das Stummelschwänzchen war sein Radarstab nach hinten. Eddy hatte damit auch den stets nötigen »Rückblick!«. Ihm entging nichts.

Er durchreiste die Erde von Romanien nach Obamaland, kam dann über Pepitaland nach Gotteshausen und eines Tages nach Golgathanien. Doch darüber später mehr. Der Boden und die Umstände, in die er zeitweilig auf seiner Lebensreise geriet, waren allerdings nicht immer so maulwurffreundlich und kuschelig wie sein Fell.

>>FÜR DEN MAULWURF EDUARD
WAR DAS ERDREICH NIE ZU HART.
ER BUDDELTE AUF SEINE ART,
STETS FREUNDLICH UND GANZ ZART!<<

So sangen seine Fans später, und wenn sie irgendwo einen Maulwurfhügel sahen, dachten sie an Eddy. Es gab Eddyaufkleber, Plakate, T-Shirts, Musik-CDs, Hörbücher und sogar Eddy-Stofftiere. Alle liebten Eddy. Und er auch sie!

Geburt eines Erfinders

An einem warmen Vorfrühlingstag kam Eduard in Romanien zur Höhle. Genau am 2. März. Es war schon spät am Abend und seine Mutter Frieda schenkte ihrem Gatten Paul mit letzter Kraft den dritten Maulwurf. Es sollte ihr letzter Wurf sein. Sie wusste nicht, dass sie einen Erfinder für spezielle Lebensweisheiten zur Welt gebracht hatte. Frieda war schon etwas älter und regte sich leider über alles und jeden viel zu viel auf.

Es dauerte nicht lange, da durchstöberte Eduard mit seinem Stupsnäschen, gemeinsam mit seiner Schwester Gisela, die geheimen Kammern unter dem Vatikan. Eduard war nämlich genau unter dem Petersdom geboren. Dort unten, ganz in der Nähe des berühmten Petrusgrabes, hatten es sich Paul und Frieda gemütlich gemacht. Über ihnen liefen den ganzen Tag Menschen durch das von Michelangelo und vielen Künstlern herrlich gestaltete Bauwerk.

Oft war es da rappelvoll und sogar draußen auf dem Vorplatz tummelten sich Menschen aus aller Herren Länder. Die meisten nannten sich Katholiken. Und ihr Oberster trat ab und zu winkend ans Fenster. Dann jubelten sie und riefen: »VIVA PAPA!«

Es war die schönste Kirche der Welt, nur Tiere durften leider nicht hinein. Aber da Paul und Frieda die ganz geheimen Löcher kannten, von denen weder der Küster noch der Papst etwas ahnten, konnten die beiden in dem riesigen Gotteshaus – vor allem nachts – unbehelligt herumflitzen.

Am liebsten hätten auch sie jeden Morgen frische Hostien zum Frühstück geknabbert. Aber diese wurden von den Priestern, die direkt über ihrer Höhle den Dienst an den Menschenkindern versahen, gut verschlossen in goldenen Schränken, allein für die Menschenkinder aufbewahrt. Sie glaubten nämlich, dass in ihnen etwas Göttliches wohnt, wenn der Priester seine heiligen Worte über sie gesprochen hatte. Und darum durften sie auch nur von Menschenkindern in herzlicher Andacht und Ehrfurcht gegessen werden ...

Eduard krabbelte von Zeit zu Zeit zu seiner Freundin, der Kirchenmaus Anna-Leena. Die hatte für ihn immer ein paar Reste aus der Hostien-bäckerei von Schwester Ituna geklaut. Sie schmeckten so schön nach Esspapier. Darüber freute Eduard sich immer besonders und teilte die-se mit seiner ganzen Maulwurffamilie. Er spielte dann Priester und alle hörten ihm gern zu. Sein Vater Paul mochte Eduards Predigten beson-ders. Sie waren immer so schön einfach und stets auf dem Punkt ...

Lebensgefahr in Rom

Rom wurde mit der Zeit zu gefährlich für Maulwürfe! Die feinen Damen Roms hielten nämlich immer Ausschau nach den neusten Moden. Eines Tages kam der Modeschöpfer Paul Laberfeld auf die Idee, teure Damenhandtaschen und die lange aus der Mode gekommenen Muffs aus schwarzem Maulwurffell erneut herzustellen. Und die Jagd ging los.

Eduard machte in Rom auch kleine Ausflüge mit seinen Eltern Paul und Frieda. Dabei fielen ihm bereits die herumstolzierenden Menschenkin-der als besonders komisch auf. Es roch nach Fleisch, als er sich zufällig unter dem immer mittwochs stattfindenden Wochenmarkt neugierig durch den Boden scharrte. Da hörte er etwas Entsetzliches!

Genau unter einem Wurststand machte Eddy eine kurze Kratzpause. In Rom war es an einigen Stellen besonders hart. Wieder konnte er seinen fußballgroßen Haufen nicht nach oben loswerden, denn die Gassen, Straßen und Plätze Roms waren mit harten Pflastersteinen zugedon-nert. Nichts war so locker, wie Eduard es sich in seinem kleinen Maul-wurfleben wünschte.

Er legte sich auf den Rücken und hörte den Leuten über sich am Wurst-stand etwas genauer zu. Da fragte ein Mann doch tatsächlich den Wurstverkäufer etwas, was ihn so sehr erschrak, dass er beinahe zwei Meter tiefer ins Erdreich gefallen wäre.

»Haben Sie frisches Maulwurffleisch?«

»Erst wieder nächsten Mittwoch«, antwortete dieser.

»Unsere Jäger sind gerade zu einer Fortbildung und hoffentlich können sie danach mit ihren neuen Fangmethoden ein paar dieser seltenen und äußerst flinken Exemplare fangen und zu uns auf den Markt bringen! Es gibt nämlich inzwischen viele Kunden, die nach dieser Spezialität fragen.«

Eduard erschrak und wühlte sich so schnell wie möglich zurück in seine sichere Elternhöhle unter den Vatikan.

Mutterverlust tut weh

Dort war in der Zwischenzeit ebenfalls etwas Schreckliches geschehen. Seine geliebte Mutter Frieda hatte sich mal wieder zu doll über die Menschenkinder aufgeregt und war plötzlich und völlig unerwartet an einem Zuckerschock gestorben. Trauer erfüllte die Gänge, Höhlen, Löcher und Herzen der Familie Kratzfuss.

Vater Paul, seine Schwester Gisela und der kleine Eduard buddelten gemeinsam mit Anna-Leena ein Loch und legten Frieda dort sanft hinein. Darin sollte sie nun wieder zu Erde werden. Eine letzte Blume zierte die gefalteten Maulwurfsschaufeln. Jahrelang hatte sie damit gesorgt und gewühlt, dass immer genug Engerlinge in der Höhle waren, während ihr Gatte Paul den ganzen Tag etwas tiefer in der Erde nach Trüffeln suchte. Der Tod war angekommen im Hause Kratzfuss. Er war ihr letzter und größter Feind. Aber auch diesen nahmen sie an. Vor ihm hatten sie sogar Respekt, denn danach ging's bekanntlich nach Himmelshausen. Alle blickten Frieda ein letztes Mal in die zufriedenen Züge ihres Gesichts und warfen ganz langsam warme, weiche Erde, die auch sie einst umschließen sollte, über ihre geliebte Mutter. Es war, als würde die Zeit für einen Moment stehen bleiben. Für Eddy war es besonders hart und er konnte nicht zusehen, wie das Gesicht, das ihn von Kindesbeinen an stets liebevoll begleitet hatte, langsam im Erdreich für immer verschwand. Paul rollte einen Stein ans Fußende und schrieb darauf:

»Alles Gute
in Himmelshausen.
Hinterm Horizont geht's weiter!«

Das war der Tag, an dem Eduard Kratzfuss es sich fest vornahm, die Erde so lange zu durchwühlen, bis er den sicheren Weg nach Himmelshausen gefunden hätte. Dort – sagte man – würde es nämlich keine unnötige Wühlerei mehr geben. Alle würden – aufrecht bei hellem Sonnenschein – ganz frei von Sorgen und Gefahren – ohne Angst vor irgendwelchen Handtaschenverkäufern und Maulwurfjägern - völlig entspannt herumlaufen können. Man sei da stets in einer angenehmen, gewissen »schlaffen« Lage.

Ja, man sollte sogar den dort sehen und sprechen können, der die Erdkugel und die sie umgebenden Sterne, das Wasser, die Berge, Tier und Mensch, alles so wunderschön gemacht hatte. Aber bis dahin war es noch ein langes Wühlen für Eddy. Viele halbgroß fußballartige Häufchen musste er noch aufwerfen und auch auf so manch harten Felsen sollte er auf seiner unter- und überirdischen Reise noch stoßen.

Doch eines war Eduard wichtig! Das hatte er nämlich einmal von einem erfahrenen Priester gelernt:

>>IMMER SCHÖN LOCKER BLEIBEN!«

Und das konnte Eduard. Er lockerte das Erdreich stets in seiner neugierigen Art auf, wühlte sich auch durch unbekannte Erdschichten und wurde dabei selber immer lockerer!

AUF NACH »OBAMALAND«

Drei Wochen trauerte die Familie Kratzfuss und beweinte den plötzlichen Tod ihrer lieben Frieda. Danach rief Vater Paul seinen Eduard eines abends zu sich in sein Arbeitsloch. Hier stapelte er in Zucker eingelegte Engerlinge und Hunderte von getrockneten Salzregenwürmern.

»Eduard«, sagte er mit leicht erhobener Stimme, »es wird Zeit, dass du die Welt außerhalb deines Loches und unserer Trampelpfadgänge noch etwas genauer kennenlernst. Du bist nun groß genug, kennst die Tücken und Tricks der Menschenkinder ein wenig und ich traue dir durchaus zu, dich in der großen weiten Welt umzusehen, um Neues zu entdecken. Was hältst du davon, wenn ich dir ein wenig Reiseproviant mitgebe und du dich auf den Weg nach ›Obamaland‹ machst? Dort gibt es einen neuen Präsidenten. Er ist schwarz wie wir und setzt sich vor allem für die Unterschicht ein. Also auch für uns Maulwürfe.«

Eduard dachte nach und fragte seinen Vater nach dem Weg. »Ach«, sagte dieser, »so wie ich dich kenne, wirst du dich schon durchs Leben wühlen. Kurvige Wege sind spannender als ausgetretene Pfade. Wichtig ist nur, dass du dich an das Gebot Nr.1 hältst. Du weißt schon! Das, was die Männer in den schwarzen langen Röcken über uns im Petersdom immer vor sich hergemurmelt haben.«

»Gebot Nr.1?«, fragte Eduard. »Wie hieß das noch?«

»Na ja, du weißt doch, das mit der Liebe. Gott und den Nächsten lieben und, das ist sehr wichtig:

SICH SELBST!«

»Gott?«, fragte Eduard, »wie soll ich den denn lieben? Ich habe ihn ja noch nie gesehen. Und meinen Nächsten? Etwa den, der mit der Mistforke schon auf mich wartet? Oder den Laberfeld, soll ich den etwa auch noch lieben? Nee, Papa, das ist zu viel für einen kleinen Maulwurf wie mich. Mich, ja mich hab ich wirklich lieb und dich und unsere liebe Mama, Gisela, unseren verstorbenen Paul und Anna-Leena, aber dann hört es auch schon auf.«

»Wühl dich durch!«, sagte der Vater und gab Eduard eine kleine Tasche mit gerösteten Reisefutterengerlingen aus Friedas Restelager mit.

»Der Weg nach Fröhlichburg geht meist über Glückstadt. Pass nur auf, dass du dich in Tiefensausen nicht verläufst! Das Gebiet ist sehr verlockend, aber eben auch gefährlich. Doch selbst da gibt es immer wieder einen Ausweg!«, ergänzte der Vater. »Werde nie eine untergehende Sonne und lass los bevor es dich loslässt!«

Eddy hörte zu und dachte nach. Manches verstand er sofort, einiges erst Jahre später ...

Er verabschiedete sich am nächsten Morgen schweren Herzens von seiner Schwester Gisela und besonders schwer fiel ihm der Abschiedskuss der kleinen Kirchenmaus Anna-Leena. Noch nie hatte sie bei Eduard so ein Verlangen nach mehr bewirkt. Anna-Leena und Gisela wollten sich nun um Väterchen Paul kümmern und Eduard sollten sie lange nicht mehr sehen.

Seine Kirchenmaus würde er wohl am meisten vermissen. Sie hatte in einem Beichtstuhl ihr Nest und hörte dort manchmal Sachen, auf die kein Tier jemals gekommen wäre. Und weil sie ein kleines Plappermäulchen war, hatte sie Eddy meist alles brühwarm erzählt. Dies alles diente aber nur zu seiner Ausbildung und ließ den kleinen Maulwurf, was die Menschen anging, besonders vorsichtig werden.

Eines verstand er allerdings überhaupt nicht: Warum die Leute nach der Beichte immer sofort erleichtert waren, und das andere, was er nicht verstand, war, warum einige immer wieder mit der gleichen Sache zur Beichte kamen. Manche jedoch beichteten überhaupt nicht und lebten lockerfröhlich in den Tag.

Aber es gab noch viel mehr, was er gern wissen wollte. Besonders interessierte ihn die Frage, warum die Menschenkinder im Petersdom immer so einen Mann an einer Holzkonstruktion verehrten und ihn nicht endlich von seinen Nägeln befreiten.

Auch das verstand Eduard nicht und er hatte großes Mitleid mit dem Mann am Kreuz. Am anderen Morgen zog Eduard sich die Wanderschuhe mit den speziellen Absätzen an. Es waren Schuhe, mit denen man sich niemals umdrehen konnte und mit denen man nur gezielt nach vorne lief. Tag und Nacht immer nur vorwärts und niemals zurück! In ihnen hatte er fast unerschöpfliche Kräfte.

Vater Paul, Gisela und Anna-Leena winkten ihm noch lange, lange nach, bis Eduard ihren feinen Sensoren entschwunden war. Er wühlte sich in gemütliche Tiefen vor und kam gut voran. Immer wenn er auf Sand stieß, hatte er es leichter. Manchmal nutzte er auch bereits vorhandene Gänge und Röhren, die andere Kriech- und Krabbeltiere vor ihm im Erdreich hinterlassen hatten.

Rom war voll von Geschichte und unterirdischen Bauwerken aus der Vergangenheit und er fand hier und da Münzen und Werkzeuge, die die Archäologen wahrscheinlich übersehen hatten.

Waffen und Gewalt spielten bei den Menschenkindern wohl eine besonders große Rolle. Von Zeit zu Zeit hinterließ Eddy einen halb fussballgroßen Haufen und von oben betrachtet, sah seine Spur ganz schön lustig aus ...

Eddy krabbelte und kratzte sich gemütlich und ohne Zeit- und Arbeitsdruck durch die Unterwelt Richtung Mittelmeer. Pro Tag schaffte er viele Meter, und als er endlich ans Meer kam, stutzte er erst ein wenig, nahm dann allen Mut aus seinen Spezialschuhen und glitt in das kühle Nass. So etwas kannte er noch nicht. Erst wollte er unter dem Meer hindurchkrabbeln, aber es war viel schöner, mitten durchs türkisklare Wasser zu gleiten. Diese Farbenpracht und die lieben vielen bunten Fische hatte er noch nie gesehen. Außerdem war es angenehm salzig und das erinnerte ihn an seine geliebten Engerlinge ...

Es war – wie gesagt – seine erste Begegnung mit dem Meer und Eduard lernte unterwegs so manchen Fisch und auch viele Muscheltiere kennen. Alle waren freundlich und neugierig. Noch nie hatten die Meeresbewohner einen Maulwurf gesehen und viele dachten sogar, es sei eine neue Fischart, die sich ihnen zum ersten Mal zeigte. Endlich brauchte er die Männer mit den gefährlichen Mistforken nicht mehr zu fürchten, denn im Wasser gab es ja keine Haufen nach oben zu transportieren.

Sonnenlicht durchflutete das Wasser. Sein Fell glänzte wie neu. Wellness vom Feinsten! Und alles ohne Bademeister ...

Doch was war das? Plötzlich hörte er ein tiefes Brummen über sich. Einige Fische zogen sich schlagartig zurück. Das Wasser wurde aufgewühlt und etwas Grünes, das aussah wie das Netz eines Fußballtores, legte sich ganz langsam über und um Eddy.

Verdammte Kiste! Er war gefangen. Noch gerade eben freute er sich über die unendliche Weite und Freiheit des Meeres, über die vielen neuen Mitlebewesen und nun war alles wieder aus? Mit einem Ruck zog es ihn nach oben. Seine kleinen Kratzfinger verhedderten sich in dem komischen Etwas und plötzlich lag er inmitten vieler nach Luft schnappender Fische an Deck eines Fischkutters. Er hörte Worte, die er nicht verstand. »Yes, we can!«, und »we got him ...! « »Oh, what's that?«

Darauf hatte sein Vater ihn nicht vorbereitet und er hatte Glück, dass ein Fischer aus Pepitaland an Bord arbeitete. Der befreite Eduard ganz vorsichtig aus dem Fischernetz und erklärte seinen Kollegen den neuen Passagier. »Leute, wir haben einen seltenen Fang an Bord. Es ist ein Maulwurf!«

Die Obamanianer waren sehr freundlich und guckten Eddy mit großen und neugierigen Augen an. Jemand hielt ihm einen Rum mit Tee unter die Nase. Im Bordradio lief Jimmy Hendrix. Diese Musik gefiel auch Eduard. Sie war so schön strubbelig.

Eine kühle, steife Brise wehte übers Meer. Der Kapitän steuerte das Schiff gekonnt durch meterhohe Wellen. Eddy nahm einen Schluck und es wurde ihm ganz schwindelig. »Was tranken die denn da?« Er lehnte dieses komische Getränk dankend ab und wollte stattdessen von den Fischern wissen, wohin ihre Reise gehe. »Unser Heimathafen ist Obamaland!«, rief einer mit 'ner Kippe im Mund. »Und wenn du willst, nehmen wir dich gerne mit. Bis wir da sind, kannst du uns beim Fischfang gern zuschauen. Wir können dich aber auch wieder über Bord, zurück ins Meer, werfen ...

»Ganz wie du willst ... Yes, we can!«, und er schnipste den glimmenden Zigarettenstummel in die aufgewühlte See. »Komisch«, dachte Eduard, »die Menschenkinder müssen immer alles fangen.« Aber er fing ja auch Engerlinge und andere Kleintiere. Langsam begann Eduard, die Menschen zu verstehen. Denn auch sie und ihre Kinder hatten ja Hunger und mussten satt werden. Er begann sie sogar zu mögen.

»Ich bleibe an Bord«, sagte Eddy nach kurzer Überlegung, »und ich leiste meinen neuen Unterwasserkollegen etwas Sterbebegleitung.«

Die Fische wurden nämlich zum Teil bei lebendigem Leib aufgeschlitzt und danach ziemlich gefühllos in Plastikkisten verpackt und mit kleingehacktem Eis und Salz überschüttet. Irgendwann hörten sie auf zu atmen. Einigen Fischen hielt Eddy die Flossen, denn er dachte an das erste Gebot seines Vaters. Als er aber mitansehen musste, wie die Männer den Fischen auch noch bei lebendigem Leib die Flossen abschnitten, hätte er sich fast übergeben und fand die Menschen plötzlich doch nicht mehr so toll. »Warum?«, fragte er sich immer wieder, »warum nur müssen die Menschen so grausam sein? Das sag ich PeTA!«

Die Fischer tranken weiter dieses komische Getränk, von dem es einem immer so schwindelig wurde. »Wat'ne Welt?«, dachte Eduard, »fressen und gefressen werden.« Müde von der Seeluft und schon ganz gespannt auf Obamien, schlief er endlich ein.

Ein Traum von Anna-Leena unterhielt ihn.
Er war gespannt, ob es wirklich stimmt,
dass in Obamien alles möglich ist.

ANKUNFT IN EINER NEUEN WELT

Ein lautes Hupen beendete Eduards süßen Traum jäh und er fand sich schneller, als er dachte, in der Hafeneinfahrt von Obamaland wieder. Das Schiffspersonal torkelte lallend von Bord und der Kapitän bot Eduard an, ihn mit zu sich nach Hause zu nehmen. Er dachte nämlich, dass seine Kinder sich über ein neues Haustier bestimmt sehr freuen würden, und sie könnten sich mit solch einem Exoten in der Nachbarschaft vor allen anderen sicher einen Namen machen. So etwas wie Eduard hatte er zumindest in Obamaland noch nie gesehen. Und ehe Eddy sich versah, war er auch schon in der braunen Aktentasche des Kapitäns verschwunden. Die Fahrt in einem weißrosa Chevrolet, zwischen hart gewordenen Butterbrotstullen, ging etwas holperig los. Der Kapitän hatte einen Plan: Er dachte an den alten, verstaubten Vogelkäfig, den er bei seinem letzten Landgang auf den Dachboden gestellt hatte. 17 Jahre lebte der Hauspapagei Lolo in diesem Gefängnis. Eines Abends, nachdem er ein Leben voller Eintönigkeit und rauchiger Fernsehzimmerluft hinter sich gebracht hatte, fiel er leblos von der Stange. Erst am anderen Morgen bemerkte die Frau des Kapitäns, wie Lolo mit geschlossenen Augen im Wassernapf lag. Sie warf ihn achtlos und ohne Mitgefühl in die offene Mülltonne. Nachts kam eine streunende Katze und am folgenden Tag lagen Lolos bunte Federn und seine beiden Füße mit den jahrelang ungeschnittenen Vogelkrallen im Vorgarten zerstreut.

Die drei Kinder von Kapitän Meyer wünschten sich schon lange ein neues Haustier und Mr. Meyer war sich seiner Überraschung ziemlich sicher. »Daddy is coming!«, riefen sie im Chor, als der alte Chevrolet in die Garage, die gleich an die Küche des Einfamilienhauses anschloss, leise einfuhr.

Mrs. Meyer versteckte noch schnell die Fotos von ihrem neuen Internet-Freund Ian, den sie kürzlich auf Facebook kennengelernt hatte. Sie nahm es mit der ehelichen Treue nämlich nicht allzu ernst. Und immer, wenn Mr. Meyer auf See war, surfte sie stundenlang im Internet und vergnügte sich auf virtuelle Art. Meyers Kinder waren dick und die meiste Zeit sich selbst überlassen. Der Fernseher hatte einen eigenen

Ventilator, damit er nicht überhitzte. Mrs. Meyer kam in Lockenwicklern und Morgenmantel auf ihren Mann zu. Sie umarmte ihn und dachte dabei an Ian. »Schön, dass du wieder da bist, mein lieber George. Ich habe dich ja soooooo vermisst!«, heuchelte sie. An dieser Stelle hatte Lolo immer gerufen: »Alte Lügnerin!« Doch heute blieb es verdächtig still und Mr. Meyer war schon gespannt, was die Kinder wohl zu seinem Geschenk in der Aktentasche sagen würden. Eduard wurde es langsam zu eng in der nach vergammeltem Brot stinkenden Aktentasche und er begann laut zu quieken. Das machen Maulwürfe immer so, wenn ihnen etwas nicht passt. Mr. Meyer verordnete seinen Kindern Jessica, Henry und Simon – die Jungs waren Zwillinge – einen Sitzplatz auf dem Riesensofa und ganz vorsichtig öffnete er voller Spannung seine Aktentasche.

Eduard sprang heraus und landete ungewollt in den Lockenwicklern von Mrs. Meyer. Sie schrie:

»IAN, ÄHHH, ICH MEINE GEORGE,
BIST DU DENN NUN VÖLLIG BEKLOPPT?
WAS SCHLEPPST DU UNS DENN DA INS HAUS?«

Eduard hatte sich mal wieder mit seinen spitzen Krallen in die nächste Gefangenschaft gebracht, und so sehr er es auch versuchte, aus diesen verflixten Locken wieder herauszukommen: Nix ging mehr! Erst nachdem sich Mrs. Meyer wieder einigermaßen beruhigt hatte, konnte Jessica Eddy endlich befreien.

Zärtlich nahm sie Eduard auf den Arm und begann ihn wie ein Baby hin- und herzuwiegen. »Ach, ist der süß! Darf ich den behalten, Daddy?«, fragte das kleine Mädchen vor Begeisterung. Mr. Meyer holte den alten Papageienkäfig vom Dachboden. Er legte einen klein geschnittenen Apfel und ein paar Körner vom übrig gebliebenen Papageienfutter hinein. Wasser hatte er völlig vergessen. Ziemlich grob nahm er Eddy dann aus den Armen seiner kleinen Tochter und öffnete die Käfigtür. Die Zwillinge lachten und gingen zurück an ihren PC. Dort verbrachten sie mit Ballerspielen den lieben langen Tag und stopften dabei unzählige Tüten Popcorn in sich hinein. Der Fußboden war voller Krümel, aber Eduard war gefangen.

»So, Klappe zu ... Affe tot!«, rief Mr. Meyer hämisch und Eddy dachte: »Ach, hätte ich mich doch nur von dem Grobian wieder ins Meer zurückwerfen lassen. Hier falle ich bestimmt eines Tages von der Stange und lande irgendwo im Müll.« Der arme Eddy wusste ja nichts von seinem Vormieter. Aber er ahnte kein gutes Ende in dieser Familie ...

Durch die dünnen Stäbe seines Käfigs beobachtete Eduard alles ganz genau. Er sah, wie sich Mr. und Mrs. Meyer täglich aus dem Weg gingen. Hörte den ewigen Streit der Kinder, wenn es um den Joystick ihres PCs ging. Als er dann noch mitbekam, wie sich die kleine Jessica ein Halsband mit bunten Glasperlen und eine Hundeleine von ihrer Mutter für Eddy zum Ausgehen wünschte, da wurde es Eduard zu viel. So hatte er sich sein Leben nicht vorgestellt und dachte einen Moment nach. Dann quiekte er so laut, dass Mr. Meyer seine Lieblingssendung in der Glotze nicht in Ruhe zu Ende hätte sehen können. Voller Wut und ohne an seine Kinder zu denken, öffnete er hastig die Käfigklappe, griff mit seiner übergroßen Fischerhand, die bereits viele Fische auf dem Gewissen hatte, hinein und warf Eduard kurzerhand aus dem Fenster. Es machte *platsch* und Eduard nahm ein ungewolltes Bad im Swimmingpool. Das Wasser schmeckte - und roch - fürchterlich nach Chlor. Aber er hatte ja Gott sei Dank schwimmen gelernt.

Es war mitten in der Nacht. Mrs. Meyer chattete in irgendwelchen Flirtrooms. Jessica schlief schon und die Zwillinge waren beide zu einer Lanparty mit den allerneusten Ballerspielen eingeladen. Mr. Meyer war leicht bedröhnt vor der Glotze eingepennt.

»Nix wie weg«, dachte Eduard. Er kletterte die Poolleiter hoch und vergrub sich klitschnass und in Windeseile unter dem kurz geschorenen Rasen vor Meyers Haus.

Eddy hinterließ als Abschiedsgruß drei extragroße, medizinballhohe Haufen und blieb die nächsten Tage sicherheitshalber erstmal unter der Erde. »Ihn, der seine Freiheit über alles liebte, an einer Hundeleine ausführen? Diese Obamianer hatten doch wohl einen echten Urknall! Nein danke!«

Was er dann allerdings aus seinem sicheren Versteck heraus in den nächsten Tagen hörte und mitbekam, war schon sehr zum Staunen. Eduard bekam nach diesen Erlebnissen immer mehr Mitgefühl für die armen Menschenkinder, ja, sie taten ihm zunehmend leid. Er musste wieder an das denken, was sein Vater ihm beim Abschied aus Romanien als Lebensweisheit mitgegeben hatte: Das 1. Gebot … und was alles dabei herauskommen kann, wenn man sich nicht daran hält, sollte er weiterhin hautnah miterleben.

Am nächsten Morgen riefen die Meyers völlig geschockt die Polizei. Nicht etwa wegen Eduard. Den vermisste niemand. Jessica war die Einzige, die nach ihm fragte. Es gab einen ganz anderen Grund für den Schrecken in der Familie: Die drei Erdhügel kamen den Meyers nämlich sehr verdächtig und unheimlich vor. Irgendjemand hatte ihren geliebten Vorgarten zerstört. Und auf diesen legten sie großen Wert.

Ein Nachbar fing völlig an zu spinnen und meinte:
»Das sind Spuren terroristisch geplanter Anschläge!«
Tags darauf hatte Meyer die Titelstory in der Zeitung:

»Ufos hinterliessen Landespuren
in Kapitän Meyers Garten!«

Mr. Meyer witterte Millionen. Und das mitten in der Wirtschaftskrise. Aber in einer Krise glauben die Menschenkinder ja sowieso jeden Blödsinn und er sperrte sofort den Vorgarten ab. »Drei Dollar 50 Eintritt für Erwachsene und zwei Dollar für Kinder!« So stand es bald auf einem großen Schild vor seinem Grundstück. Er ließ die drei Hügel jeden Tag von einem anderen Kamerateam für die weit über 480 Fernsehstationen in ganz Obamien filmen und bald waren die Meyers reiche Leute.

Eine esoterische Firma wollte die Haufen sogar grammweise als Heilerde gegen Depressionen verkaufen. Einige steinreiche Fernsehprediger wiederum kündigten angesichts dieser »gewaltigen Zeichen der Endzeit« die bevorstehende Wiederkunft Christi auf Erden an und baten noch schnell um ein Sonderopfer für die Verkündigung ihres verdrehten Evangeliums. Sie versprachen den Spendern einen siebenfachen Gewinn und ihre »Drohbotschaft« drang sogar bis in eine Sekte im Norden von Pepitaland. Dort hatte bald kein Auto mehr Platz zum Parken und viele Menschen folgten leider ihrem Wahn. Sie spendeten sich arm. Die Prediger allerdings wurden gestopfte Sparschweine mit goldenen Ringen an den Händen. Wenn sie ihre begehrten Hände auf die Menschen legten, strömte alles andere als Heiliger Geist aus ihnen hervor... Ihre Frauen, und später auch die »wachen Schafe des Herrn«, liefen glücklich und fröhlich davon ... »Halleluja!«

Mr. Meyer verkaufte nach einiger Zeit – sehr zum Ärger seiner Frau – den Fischkutter und die drei Haufen sind bis heute sein Publikumsmagnet. Sie wurden inzwischen sogar überdacht und vor allzu großem Wind durch Glaswände geschützt. Zu Silvester entzündet der Bürgermeister der Stadt alljährlich drei Wunderkerzen auf den drei Erdhügeln und die ganze Stadt ist bis heute mit ihrem Reichtum und Wohlstand sehr selbstzufrieden, weil nicht nur die Meyers von Eddys Haufen profitierten, sondern auch die Hotels und die zahlreichen Souvenirläden und Restaurants in der Stadt.

Meyers Söhne fielen später als »Helden« im Irak.

Jessica sitzt bis heute mit Lockenwicklern, Popcorn und einem Foto von Eddy an der Kasse des Familienunternehmens. Sie leidet immer noch an Übergewicht ...

Mrs. Meyer lebt mit Ian im Westen des Landes und bekam danach noch drei Kinder von vier Männern ...

Mr. Meyer wurde Vortragsreisender bei den Ufologen. Eines Tages traf er einen berühmten Nervenarzt. Aber selbst der konnte Mr. Meyer nicht mehr von seinem Irrtum überzeugen.

Eduard wunderte sich nur noch über so viel Blödsinn und die Unvernunft mancher Menschenkinder in diesem großen Land. Nach den merkwürdigen Erlebnissen beschloss er vorerst, nicht mehr auf der Bildoberfläche von Obamien in Erscheinung zu treten. Aber er hatte noch einen Wunsch. Den wollte er sich gern erfüllen, bevor er danach auf seiner Reise nach Pepitaland den Erdteil wechseln wollte. Er hätte gern den Präsidenten dieses Landes wenigstens einmal kurz getroffen. Er sollte so menschenfreundlich sein. Ganz anders als sein Vorgänger.

Eduard hatte in der Glotze bei den Meyers genau mitbekommen, wo der Präsident wohnte, und er wühlte sich schon mal langsam in Richtung Regierungsviertel voran.

Der Präsident von Obamien sollte in einem weißen Haus mit seiner Frau, einem Hund und seinen zwei Töchtern leben. Vor dem Haus war ein wunderschöner großer Rasen. Dieses Maulwurfparadies hätte Eduard gern von links nach rechts und kreuz und quer durchwühlt. Er sah schon die vielen halben fußballgroßen Erdhaufen davor liegen und hätte sie am liebsten alle von dem Verpackungskünstler Christo verhüllen lassen. Vom Eintrittsgeld wäre er dann nach Pepitaland geflogen und anschließend nach Gotteshausen.

Golgathanien stand ja auch noch auf seinem Wühlplan. Das Meer hatte ihm gutgetan, und sein Lebenshunger war größer denn je. Besonders aber auch durch die Schuhe mit den speziellen Absätzen dran, auf denen man sich nicht umdrehen kann, bis man an sein Ziel gekommen ist. So weit sein Plan. Aber es kam mal wieder ganz anders.

Eines Tages, als Eduard sich voller Vergnügen gerade durch das Erdreich vor dem Weißen Haus wühlte, biss er aus Versehen auf eine unterirdische Telefonleitung.

Das Kabel noch in der Schnauze, konnte er eigenartigerweise jedes Wort aus beiden Richtungen klar und deutlich verstehen. Eduard hörte genau zu. Eines war klar. Er musste so schnell wie möglich zu dem Präsidenten. Denn, was er gehört hatte, war so geheim und so gefährlich, dass Eduard sich sogar davor hütete, den Inhalt in einem Selbstgespräch zu erwähnen.

Er schaltete den Turbowühlgang ein. Den hatte er von seiner Mutter Frieda gelernt. Immer wenn ihr etwas besonders wichtig war, legte Frieda diesen Schnellgang ein und raste so mit einer Affengeschwindigkeit durchs Erdreich. Nach etwa zwei Stunden kam Eduard fast völlig erschöpft an einem Lüftungsrohr des Sicherheitsbunkers von Präsident Obama an. Es war kein Problem, sich durch das Rohr in den Keller des Weißen Hauses fallen zu lassen. Vorbei an ein paar schlafenden Sicherheitsbeamten und Eddy stand auch schon in der Empfangshalle des Weißen Hauses. »Poah«, dachte er, »was ist denn hier los?«

Es war der 24. Dezember 2011. Ein riesiger Weihnachtsbaum mit Hunderten hell brennender Kerzen schmückte die große Halle des Weißen Hauses. Der Präsident hielt gerade seine Weihnachtsansprache und Eduard versteckte sich vorsichtshalber in drei Meter Höhe zwischen den Zweigen. Dabei musste er darauf achten, dass ihm sein Fell nicht ankokelte. Es war nicht leicht für Eddy und die Zweige bewegten sich trotz seiner Vorsicht. Er fühlte sich von der Präsidentengattin magisch angezogen und rutschte aus Versehen (?) plötzlich drei Äste tiefer. Dabei wäre er beinah in ihren Ausschnitt gefallen ...

Dies löste im Weihnachtsbaum des Weißen Hauses einen mittleren »Schneesturm« aus und die Sicherheitsbeamten schlugen Alarm. Zum Glück war es nur Kunstschnee, der ins Dekollete der »First Lady« gefallen war, und sie blieb cool.

Mit ihrem Lächeln machte sie alles wieder wett und Mr. Präsident fuhr behutsam mit seiner Rede fort. Dabei sagte er immer wieder: »Yes, we can!« und die Leute konnten es schon fast nicht mehr hören ...

Die Sicherheitsbeamten schauten zwischendurch immer mal wieder zur Tanne hoch. Als der Schnee sich gelegt hatte, glaubten sie weiter an nichts Böses. War ja auch nix ... Auch Eddy hielt sich taktvoll zurück und dachte an Anna-Leena! Außerdem war Michelle ja bereits in guten Händen. Und die sollte er nun bald kennenlernen.

Nach etwa einer Stunde war alles vorbei und die Bediensteten gingen zusammen mit der Präsidentenfamilie zum feierlichen Abendessen.

Es gab Gans mit Klößen und Rotkohl. Zum Nachtisch wurde flambiertes Eis in goldenen Schalen serviert. Man trank Champagner und für die Kinder gab es Apfelsaft aus Pepitaland. Genauer gesagt aus dem Alten Land südlich der Elbe.

Der riesige Saal wurde von Kerzenlicht beleuchtet und Eduard hatte es deshalb sehr leicht, unbemerkt in die Nähe des Präsidenten zu kommen. Unter den Tischen, vorbei an teuerstem Schuhwerk – einige hatten allerdings selbst in diesen ihre Schweißfüße gut getarnt –, stand Eduard nun vor den Schuhen des mächtigsten Mannes der Welt. Auch er trug die speziellen Absätze.

Mutig sprang er auf den muskulösen Oberschenkel des Präsidenten und dieser dachte zunächst, Michelle, die große Liebe seines Herzens, habe ihm ihre Hand auf das präsidiale Bein gelegt. So weich, so sanft. Doch es war der sanfte Kratzfuss!

Der Präsident griff nach der von ihm vermuteten Hand. Er drückte das, was er in seiner Hand hatte, und Eddy quiekte so laut, dass dem Präsidenten vor Schreck ein Kloß im Hals stecken blieb.

Sicherheitsbeamte und ein Notarzt eilten herbei. An alles hatten sie gedacht, doch darauf waren sie nicht vorbereitet. Einen verschreckten Präsidenten, der den Mund etwas zu voll genommen hatte ... Da war nix mehr mit: »YES, WE CAN!«

So hilflos hatte man den mächtigsten Mann der Welt noch nie gesehen. Michelle klopfte ihm kräftig auf den Rücken und der verklemmte Kloß lockerte sich.

Nachdem der Bissen sich glücklicherweise in der Speiseröhre ohne Rückwärtsgang weiter in Richtung Verdauungsabteil bewegt hatte, entspannte sich die Weihnachtslage der Nation. Barack O. nahm das samtartige kleine Wesen vorsichtig hoch und stellte Eddy direkt vor sich auf die dampfende Weihnachtsgans. »Das sag ich *PeTA*!« murmelte Eddy in einem ernsten Unterton … »Kannste ruhig machen!«, erwiderte Barack, »die Gans stammt aus einem Biogeflügelhof und wurde weder gestopft noch bei lebendigem Leibe gerupft und außerdem schonend geschlachtet!« Ungläubig schaute Eddy ihn an und dachte: »Politiker erzählen viel, wenn der Tag lang ist, besonders vor der Wahl, aber woll'n wir ihm mal in dieser Sache glauben!«

Zwischen Gans, flambiertem Eis und Champagner war Eddy am Ziel angekommen. Das war er also: der Mann, der sich gern für »kleine Leute« starkmachte, die Ungeborenen allerdings vergaß.

Alle Kameras waren auf Eduard gerichtet und die Anwesenden blickten gespannt auf Barack und seinen Überraschungsgast. Noch nie hat die Welt bis dahin so eine liebevolle Begegnung zweier so unterschiedlicher Naturen live miterlebt. Schnell waren diese Fernsehbilder um die ganze Welt gegangen.

Auf YouTube brach der Server zusammen und sogar Paul und Gisela bekamen in Rom einen Schreck, als sie ihren Eduard im italienischen Mittagsmagazin auf einer Weihnachtsgans mit Schuhen stehen sahen. Sie erzählten es der Kirchenmaus Anna-Leena, denn diese war mal wieder in ihrem Beichtstuhl-Lausch-Rausch und bekam die überraschende TV-Begegnung deshalb nicht mit. »Sah Eduard wenigstens gut aus?«, fragte Anna-Leena mit spitzfraulichen Augen.

Auch Anna-Leena vermisste Eddy sehr. So einen Typen wie ihn gab es weltweit nur einmal. Sie hätte ihn auf der Stelle geheiratet, aber Mäuschen musste noch ein bisschen warten. Und das tat weh. Die Schmerzen waren nur mit Liebe zu ertragen. Und davon war ihr Herz übervoll.

»Aber was gibt's denn so Wichtiges?«, wollte dieser wissen.

»Das kann ich Ihnen nur sagen, wenn niemand zuhört. Wirklich niemand! Noch nicht einmal die First Lady!«

Der Präsident schaltete sein BlackBerry vorsichtshalber aus und ging mit Eduard in eines der vielen abhörsicheren Nebenzimmer. Nach etwa zwei Stunden kamen Eduard und Barack Obama wieder zurück an die Tafel. Barack war kreidebleich. Er stellte weltweit alle Maulwürfe unter Naturschutz und bis heute wissen nur er, Eduard und der liebe Gott, was in diesen zwei Stunden miteinander besprochen wurde. Eddy und Obama wurden Freunde. »Mr. Kratzfuss« hatte von diesem Tag an freien Zutritt zum Präsidenten, wann immer er es wollte. Er bekam vom Präsidenten einen BlackBerry mit der Direktverbindung zum Oval Office geschenkt. Natürlich abhörsicher.

Der Präsident war es auch, der Eduard die Air Force Two, eine Regierungsmaschine mit einem eigenen Piloten, eine Sicherheits-Limousine und sechs Bodyguards nach »Immer-wohin-er-wollte« zur Verfügung stellte. Und so kam es, dass Eduard acht Stunden später bereits in Pepitaland (Ordentlichenhausen) auf regennasser Landebahn etwas müde, mit leichtem Jetlag aufsetzte.

Pepitaland ist eng

Eduard staunte nicht schlecht, als er die Gangway seines Flugzeugs in Köln-Bonn herabtappste. Vor ihm lag ein roter Teppich und die schwarze Limousine mit verdunkelten Fenstern stand, umgeben von sechs mysteriösen Sicherheitsbeamten (übrigens wieder keine Frau dabei) am Ende des Teppichs. Obwohl es regnete, trugen die Männer große schwarze Sonnenbrillen und aus ihren Ohren kamen kleine Kabel, die in ihren Jackentaschen wieder verschwanden. Sie waren ständig am Kauen ...

Was sollte ein Maulwurf wie Eduard nur damit anfangen? Es waren Menschenkinder und keine Artgenossen wie er mit Wühlpfoten, in denen die Lust zum unterirdischen Leben steckte. Und die Gattung Mensch sollte ihn nun ständig begleiten und ihn selbst dabei niemals in sein geliebtes Erdreich begleiten, geschweige denn seine ART verstehen können? Unvorstellbar! Und doch machbar.

Eduard brauchte einige Zeit, bis er bereit war, sich mit seiner neuen Situation anzufreunden. Er, der doch aus einem armen Loch in Romanien stammte, kannte und wollte so einen Rummel um seine Person nicht. Es gab bei seinen Artgenossen weder Diener noch Herren. Und Untergebene, nein danke, die wollte er aus Prinzip nicht. Und ausgerechnet er sollte nun der Chef eines Fahrers, eines Piloten und von sechs Sicherheitsbeamten sein? In teuren Hotels mit langen Fluren und in Suiten auf Kosten anderer Leute leben und Kaviar speisen? »Ich bin doch kein Fernsehprediger!«, dachte er. Eduard wusste, dass das nicht sein Ding war. Er schaute nachdenklich auf seine Schuhe, mit denen er sich nie hätte rückwärts entwickeln dürfen, und lief ganz bewusst neben dem roten Teppich entlang zur Stretchlimo.

Ein großer Mann, Roberto, mit vollpolierter Glatze, hielt ihm steif die Tür auf. Eddy blieb vor ihm stehen. Schaute hoch und sagte lächelnd: »Nach Ihnen!«

Alle setzten sich in die Limousine und fuhren von der harten Betonpiste erst mal runter auf den Rasen. Weit und breit war kein Erdhaufen zu sehen.

Klemmig und völlig steif war die Atmosphäre, in der Eddy sich von einem Tag auf den anderen befand ...

»Bitte anhalten!«, rief er. Der Wagen stoppte und Eduard sprang aus der Limo. Er baute sich erstmal genüsslich einen riesengroßen Erdhaufen, auf dem er schließlich im Regen mit größtem Vergnügen Platz nahm. Dieser Hügel war tausendmal schöner als der Rücksitz einer Limousine oder als dieser blöde rote Teppich, auf dem meist nur Wichtigtuer und irgendwelche Politnasen mit Dreck an den Hacken ziemlich aufgeblasen entlangstolzierten.

Die Sicherheitsbeamten, der Pilot und der Fahrer setzten nacheinander ihre Sonnenbrillen ab und lockerten zaghaft ihre schwarzen Schlipse, denn auch sie spürten Spaß an ihrem neuen kleinen »Chef«. Es kam langsam, aber sicher eine gute Stimmung auf, und Eduard legte sich, mit innerem Glück erfüllt, auf seinen ersten halb fußballgroßen »Pepitahügel«.

Die Bürger dieses Landes zeichneten sich unter anderem dadurch aus, dass sie in ihrem Denken und Handeln meist sehr kleinkariert und unbeweglich waren. Große Visionen hatten sie nicht. Sie wurden von Politikern aus Enghausen und Gehtnichtdorf regiert und einer litt derart stark unter Profilsucht, dass sein Gesicht ganz gelb wurde. Es gab viele Menschen im Land, die keine Arbeit hatten, und zugleich viele, die zu viel Geld verdienten. Alles in Pepitaland war genau geregelt und normalisiert. Vom Gartenzaun bis zur der kleinkarierten Friedhofsordnung. Man nannte Pepitaland auf der Weltkarte deshalb auch gern »Ordentlichenhausen!« Es gab dort allerdings kaum Kinder. Viele Bürger lebten in kalten Städten und hausten in Wohnsilos nebeneinander her.

Es war schon etwas länger her, da regierte dort »König Schnauzbart«. Dieser war dumm, autoritär und sehr grausam. Er sorgte zu seinen Lebzeiten dafür, dass dieses Land nicht bunt und fröhlich wurde, sondern machte es langweilig braun und steif. Zum Schluss hatten er und viele Menschen sogar ein gebräuntes Gewissen. Millionen Andersdenkender ließ er einfach töten. Schwule, Sintis, Romas, Behinderte, Juden, Priester. Kurz, Menschen mit 'ner Meinung, die ihm hätte gefährlich werden können. In Gaskammern, die als Duschen getarnt waren, wurden unter seinem Befehl Millionen Gotteshausener Bürger umgebracht. Außerdem überfiel er die Nachbarländer und brachte so weitere unschuldige Menschen um. Das tat er, weil er sich dummerweise für den größten und besten aller Menschen hielt. Auch seine Untertanen glaubten daran, dass sie besser waren als andere Menschen. Und dieses Denken war nicht wieder leicht aus den Köpfen und Herzen der Bewohner von Pepitaland herauszubekommen. Das merkte Eddy bereits, als er den ersten Haufen buddelte.

Hinzu kam, dass die modernen Politiker von heute in ganz Europasien aus ihrer Hauptstadt heraus fast überall ihren Rüssel in die Angelegenheiten von Pepitaland reinhielten. Sie regelten sogar den Krümmungswinkel einer Banane ...

Nur die Engerlinge waren hier fast so lecker wie in Romanien und Obamien. Zum Glück ließen sie sich nicht von den Menschen verbiegen und sie warteten schon darauf, die kleinen karierten Bürger von Pepitaland am Ende ihrer Tage auch zu ihrer Leibspeise zu haben. »Von Erde waren sie und zur Erde wurden sie ...« Eduard war allerdings nicht zu normalisieren und blieb sich und seinem Herzen auch in Pepitaland treu.

Von seinem Haufen aus sprach er unter einem Regenschirm, den die Männer für ihn ins Erdreich gesteckt hatten, ein paar Worte. Eigenartigerweise blieben die Männer selber im Regen stehen. Ja, liebten sie sich denn etwa nicht?

HÜGELWORTE

Liebe Leute!«, sagte Eduard, »jeder ist ab sofort nur noch sein eigener Chef und keiner mehr der des anderen. Im Gegenteil! Ein jeder soll mal versuchen, den Nächsten höher zu achten als sich selbst. Glaubt ihr, dass ihr das hinkriegt? Passt also zuerst auf euch selber auf und seid euer eigener Bodyguard. Liebt und ehrt euch!« Die Männer standen gelangweilt herum und hörten Eddy überhaupt nicht zu. Schon gar nicht mit ihrem Herzen. Sie machten nur ihren Job und dachten: »Ach, lasst den kleinen lustigen Weltverbesserer doch reden! Was gibt's Neues an der Börse?« Das war für sie viel wichtiger als Eddys kleine »Bergpredigt«.

Eduard bemerkte es natürlich und dachte: »Steter Tropfen höhlt das Hirn! Es braucht eben noch ein bisschen Zeit. Die können noch nicht anders!« Er ließ sich aber nicht von ihrem Desinteresse bremsen. Im Gegenteil. Er hatte sogar Verständnis für sie. Ihr Leben lang, vielleicht schon in ihrer Kindheit, standen sie nur unter Kommando und Anweisungen. Darum haben sie immer nur »funktioniert«. Ihr eigenes ICH, ihre Herzzentrale, kannten und liebten sie nicht. Vielleicht konnten sie gerade deshalb auch nicht lieben …

Eddy wusste, seine Zunge ist der Filzer eines guten Schreibers, und er fuhr geradeaus und mit Eifer in seiner Rede fort:

»Menschenkinder, ihr redet viel von Gott. Aber ich hab ihn bei euch noch nie gesehen. Ja, ihr führt sogar heilige Kriege in seinem Namen. Da lachen doch die Hühner. Große Häuser habt ihr euern Göttern auf den Knochen mancher Künstler und tausender Arbeiter gebaut. Beim Landeanflug sah ich hier auch so eins mit zwei Raketen davor stehen. Ihr versucht dem, was ihr Gott nennt, mit viel religiöser Anstrengung und Opfern zu gefallen. Einige von euch Glaubensakrobaten lachen schon gar nicht mehr. Andere hören sogar auf zu sprechen und ziehen sich ihr Leben lang ganz eigenartig an. Glaubt mir, vieles davon ist abschreckend und die Menschen können damit einfach nichts mehr anfangen. Einiges ist sicher gut.

Ich, als Maulwurf, habe inzwischen so manches Gebiet unter eurer Erde durchwühlt und bin dabei zu folgender Einsicht gekommen. Ja, ich glaube sogar, dass sie dem Erfinder unserer Welt, wenn es ihn denn gibt, auch gut gefällt:

WENN JEDER ALLEM, OB TIER, OB PFLANZE, OB MENSCH, OB STEIN, OB GEDANKE, WASSER ODER LUFT, ALLES UND JEDEM STETS MIT ACHTUNG, RESPEKT UND WERTSCHÄTZUNG ENTGEGENKOMMT UND IHN IN SEINER ART ACHTET, SO GLAUBE ICH, WÜRDE ES AUF DER ERDE GANZ GUT LAUFEN UND SO MANCHER WÜRDE SOGAR GLÜCKLICH SEIN!

Eduard Kratzfuss will weder Luxus noch eine Extrawurst. Merkt euch das bitte! Stattdessen brauche ich Freunde mit Visionen.

Außerdem habe ich auf meiner Reise genug gesehen und genau mitbekommen, was für ein Unglück sich die Menschenkinder täglich mit sich selbst antun. Jeder möchte mehr als der andere haben und sein. Einige schlagen sich dafür sogar die Köpfe ein und landen in Gefängnissen aus Mauern und Beton. Viele sind von Gier und Habsucht derart gefangen, dass sie nur noch raffen und ihren Nächsten für sich ausbeuten. Die meisten jagen ein ganzes Leben lang kleinen runden Metallstücken und irgendwelchen rechteckigen Papierfetzen hinterher. Sie nennen diese Scheine sogar noch Noten und kriegen ihre Taschen nicht voll genug davon. Wer gibt, der empfängt. Ihr müsst umdenken, meine Herren, Damen sind ja leider keine da!

Doch die meisten von euch lieben es, in den Zeitungen ganz vorn auf der ersten Seite zu stehen, und vor lauter Hochmut tragen einige Damen Schuhe mit Schornsteinen hinten dran. Ihre Kleidung ist manchmal so teuer wie das Dach oder die Renovierung eines einzigen Kindergartens.

Doch davon gibt es in letzter Zeit immer weniger. Ostpepitaland stirbt sogar langsam aus. Kinder stören wohl! Der sicherste Job für die ist Altenpfleger. Doch selbst die Alten werden oft schon wie Hühner in Käfigen gehalten.

WAT'NE WELT?
GELD, GELD, GELD!

In der Hauptstadt von Pepitaland gibt's allerdings ein wenig Hoffnung. Im Bord -TV habe ich heute gesehen, dass die Stadtobersten gerade ein mutiges Gesetz beschlossen haben. Sie haben den Kindern ihrer Stadt endlich ein Grundrecht auf Kinderlärm ins Gesetzbuch geschrieben. Es wurde auch höchste Zeit!«

»Auch das noch!«, sagte einer der Männer. Eddy reagierte kurz mit Schweigen. Dann fuhr er fort:

»Viele sind geradezu verrückt nach Materie. Jedoch an Geist fehlt es! Eine eigenartige Verblödung zieht durchs Land und wegen der Gewalt in den Medien – in fast jedem Film ist mindestens eine Leiche zu sehen – geht eure Jugend vor die Hunde. Die Habsucht einiger ist derart von Gier durchsetzt, dass andere wiederum keine Arbeit bekommen. Sie erhalten oft für zwei Tätigkeiten nur so viel Metallstücke, dass sie sich davon gerade noch ein Brot mit Harzer Käse leisten können. Die Politiker aus Enghausen haben zwar ein Herz, doch nicht immer für ihr Volk. Sie versprechen viel und halten wenig. Nein, das alles soll mich und meine Welt auf keinen Fall bestimmen. Alle warten immer auf den andern, auf den großen Führer, statt endlich selber loszulegen!«

Rote Teppiche, lange Zeremonien mit langweiligen Reden und Soldaten, die zur Begrüßung sogar noch im strömenden Regen strammstehen müssen, um durch ihre klitschnassen Blechtrompeten zu blasen, gehörten für Eddy der Vergangenheit an. Die Soldaten sollten lieber zu Hause mit ihren Frauen und Kindern Mozarts »Kleine Nachtmusik« üben.

Einige der Männer wurden wach, als sie das Wort »zu Hause« hörten. »Ganz Unrecht hat er ja nicht«, sagte einer.

Ja, Eduard wollte sogar, wenn er einmal zurück in Romanien ist, der Vatikanbank vorschlagen, aus ihren Räumlichkeiten Eisdielen mit Freieis für Kinder zu machen und aus manchen Geldgeschäften lieber sofort auszusteigen. Er hatte für sich nur einen einzigen Wunsch: Wenn er sich schon auf das Leben mit den Menschenkindern einließ, dann gab es für ihn nur eine einzige Bedingung: Die Sicherheitsbeamten sollten dafür sorgen, dass immer und zu jederzeit eine kleine Badewanne mit frischem Erdreich für Eduard zur Verfügung steht, in der er nach Herzenslust wühlen, schlafen und leben konnte. Das war alles, was sein Maulwurfherz begehrte, und wenn ihm dann noch irgendwann mal eine hübsche Maus mit Herz durch die Röhre lief, mit der er seine Art und Denkweise versechsfachen könnte, das wäre für Eduard Kratzfuss das Sahnehäubchen seines Lebens.

»Und was wollen wir denn machen, wenn uns das Geld zum Tanken und zum Essen ausgeht?«, fragten die Männer. »Lebt sparsam, sagte der Maulwurf und blickte dabei auf die Erde, »kümmert euch um Arme und Kranke und alles Weitere wird sich ergeben. Übrigens: Solche Fragen nennt man Sorgen und die führen nur zu weiteren Sorgen. Irgendwann ist eure Gedankenwelt voller Sorgenvögel und die picken und plagen euch und euer Handeln nur unnötig. Habt Vertrauen! Das Leben ist eine Wundertüte. Man weiß nie, was drinsteckt. Zur Not sprechen wir die Dinge einfach in Existenz. Und vor allem: Liebt!«

Beschämt schauten die Menschenkinder auf den langsam feucht werdenden Flughafenrasen. »Er hat Recht!«, dachten immer mehr von ihnen und Roberto, der mit der Glatze, sagte: »Eduard, wir machen dich zu unserem König!« »Nix kapiert!«, dachte Eddy.

Aber es gab in Pepitaland auch Menschen, die sich bei ihrer Arbeit auch noch etwas Sinnvolles ausdachten. Eddy hatte in Rom schon immer fürchterlich unter dem Geknatter der vielen stinkenden Vespas und anderer Motorroller gelitten. Wenn er von Zeit zu Zeit mal auf der Erdoberfläche auftauchte, roch es in Bodennähe ekelig nach den Abgasen dieser alten Knattermaschinen. Selbst die Engerlinge, die er unterhalb der Straßen fing, schmeckten bereits nach Blei. Und wenn es regnete, drang dieser Geschmack immer tiefer in sein Erdreich ein.

In den Abendnachrichten des Pepitafunks, einem der besten Radiosender des Landes, hörte Eduard zufällig von zwei Erfindern aus Pepitaland. Sie hatten einen Wunderroller gebaut. Schon als Kind träumte Eduard von solch einem Gefährt. Witzig war: Der Roller hieß auch noch genauso wie seine Tante Paula in Rom und ihr galant flotter Maximilian. Sofort schickte er seinen farbigen Bodyguard Gary los, diese geniale Firma in Pepitaland ausfindig zu machen.

Irgendwo in einem Hamburger Hinterhof fand Gary diese netten Burschen. Sie bastelten gerade locker und innovativ an einem Sondermodell mit Namen »Rock'n-ROLLER« wie einst die beiden Applegründer Steven Jobs und Steven Woznia. Als Julian und Mario – so hießen die Erfinder – von Eddys Wunsch und seinen Problemen mit dem Bleigeschmack in seiner Nahrungskette hörten, verdoppelten sie weltweit die Produktion des sparsamen und umweltfreundlichen Elektrorollers! Der Bodyguard erhielt einen dieser leisen Wunderflitzer mit Namen Maximilian II für Eddy als Dienstroller, und als er am nächsten Tag damit in Köln auf dem Flughafen vorfuhr, fiel Eddy aus allen Wolken. *Summ* machte es und Eduard fuhr quer und kreuz, natürlich mit Helm, über die Landebahn. Er war richtig stolz und zeigte seinen Roller allen Stinkern und Krachmachern. Der Flughafenmanager sah zufällig aus dem Fenster und ein halbes Jahr später hatten alle Mitarbeiter des Bodenpersonals so ein geiles Ding unter ihren Füßen. Die Krankschreibungsrate sank rapide und es machte in der Flughafenhalle und in den Gates überall »summ!« Eddy freute sich, dass seine geliebte Tante Paula so einen großen Erfolg in Pepitaland hatte, und schenkte den Jungs einen Werbespruch: »*Nie mehr tanken, da kann man nur danken!*«, sang Eddy fröhlich, wenn er mit seiner Tante Paula durch die Gegend sauste.

Es wurde Abend. Acht Männer und ein Maulwurf machten es sich im Flieger gemütlich. Es gab was zu knabbern und Eddy lutschte auf einem Regenwurm bis er zu Schleim in seinem kleinem süßen Maul wurde. Die Männer erzählten sich Witze, über die Eddy meist nicht lachen konnte. Eduard klingelte noch kurz bei Barack in Obamaland durch und bedankte sich bei ihm für seine großherzige Fürsorge und Leihgabe.

Eddy erzählte ihm auch, was er dem Piloten, dem Fahrer und den Sicherheitsbeamten zuvor »gepredigt« hatte. Seine Gedanken gefielen dem Präsidenten sehr. »Eddy«, fragte er, »haben sie es denn auch verstanden?« »Einige schon!«, erwiderte Eddy und reichte »seinen Jungs« noch mal ihren Oberbefehlshaber. Und wieder hörte er meist nur: »Jawohl, Herr Präsident. Jawohl, wird gemacht, Jawohl, ganz wie Sie wünschen!«

»Mensch, sitzt der ›Virus‹ aber fest!«, sagte Eddy sich und fiel in einen süßen Schlaf.

Am anderen Morgen sollte Eduard einen Bottich mit Kölscher Erde bekommen. Der hatte dann im Flieger seinen Ehrenplatz. So ein richtiger »Wohl-fühl-wühl-Pool!« Einer der Männer war ein Fan der Sängerin Pink und hatte heimlich eine pinkfarbene Kinderbadewanne mit frischem Erdreich besorgt. Er bemalte sie mit bunten Blumen und wollte Eddy damit überraschen.

Die Kofferraumklappe öffnete sich auf Knopfdruck und zwei Muskeltypen versteckten die Wanne. Am nächsten Morgen stand sie in Goldpapier verpackt auf dem Flughafenrasen. Eddy platzte bald vor Spannung. Als die Männer das goldene Knisterpapier entfernt hatten, rief er: »Juchuuuu! Da ist ja mein lang ersehnter Wühlpool! Sind denn da auch genug Würmer drin?«

Er hüpfte mit einem
grossen Sprung kopfüber
in sein irdisches Glück

Im Hintergrund lief im Radio ein Lied, das Eddy besonders gern mochte. Er sang es mit. Wenn auch mit leicht schiefer Stimme. Aber mit einem wachen und kindlichen Geist …

»Keiner will sterben, das ist doch klar,
wozu sind denn dann Kriege da?
Herr Präsident, du bist doch einer von diesen Herrn,
du musst das doch wissen –
kannst mir das mal erklär'n?
Keine Mutter will ihre Kinder verlier'n
und keine Frau ihren Mann.
Also warum müssen Soldaten losmaschier'n,
um Menschen zu ermorden – mach mir das mal klar.
Wozu sind Kriege da?

Herr Präsident, ich bin jetzt zehn Jahre alt
und ich fürchte mich in diesem Atomraketenwald.
Sag mir die Wahrheit, sag mir das jetzt,
wofür wird mein Leben aufs Spiel gesetzt?
Und das Leben all der andern – sag mir mal warum?
Sie laden die Gewehre und bring'n sich gegenseitig um.
Sie steh'n sich gegenüber und könnten Freunde sein,
doch bevor sie sich kennenlernen, schiessen sie sich tot.
Ich find das so bekloppt – warum muss das so sein?

Habt ihr alle Milliarden Menschen
überall auf der Welt gefragt,
ob sie das so wollen, oder geht's da auch um Geld?
Viel Geld für die wenigen Bonzen,
die Panzer und Raketen bau'n
und dann Gold und Brillanten kaufen
für die eleganten Frauen.
Oder geht's da nebenbei auch um so religiösen Zwist,
dass man sich nicht einig wird,
welcher Gott nun der wahre ist?
Oder was gibt's da noch für Gründe,
die ich genau so bescheuert find.
Na ja, vielleicht kann ich's noch nicht verstehen,
wozu Kriege nötig sind.
Ich bin wohl noch zu klein,
ich bin ja noch ein Kind.«

Text: Udo Lindenberg (1981)

Keine Soldaten und kein Militär, das war schon immer Eddys Traum, denn seine größte Angst war, dass er auf seinen weltweiten Wühlreisen einmal aus Versehen auf eine Tellermine traf und dann ihren Knall nicht mehr hätte hören können!

Es dauerte trotzdem einige Zeit, bis die Obamianer sich an das neue Denken von Eduard Kratzfuss gewöhnten. Denn sie hatten zu lange einem System gedient, das vor (W)affengewalt strotzt. Aber sie wurden froh, als sie langsam selber merkten, dass sich Eddys Lockerheit und Frische positiv auf ihre Versteifungen auswirkte.

In der Regierungsmaschine hatten sie alles, was sie zum Leben brauchten: Musik, TV, ein Bad, ein Bett, sogar eine Küche, alles zwar ein wenig größer, aber ganz praktisch. Eddy allerdings reichte seine bunte Wanne …

Eduards innere Uhr weckte ihn meist gegen fünf in der Früh. Alle anderen, außer Leonhard und Ronald, schnarchten noch. Jeder Tag lag unberührt als frisches Geschenk, das er nur noch zu öffnen brauchte, vor ihm. Eduard liebte es, den Tag locker anzugehen, und sang: »Schöner Morgen, neuer junger Tag! Ohne Sorgen, egal, was kommen mag. In der Ferne leuchtet mir der Morgenstern. Ich spür' das Leben gern. Schöner Morgen!« In Köln war allerdings schon morgens ein reger Flugverkehr und einer der Sicherheitsbeamten hatte zum Glück die Tür des Fliegers halb offen gelassen und so konnte sich Eduard leise am Glatzkopf vorbei auf den Flughafenrasen schleichen, um sein Morgengeschäftchen zu machen. Auf die Bordtoilette ging er aus Vorsichtsgründen lieber nicht. Sie hatte nämlich ein starkes Absaugsystem in der Kloschüssel, und wenn Eddy da aus Versehen mal reingefallen wäre und dann auch noch in Maulwurfspanik einen falschen Knopf gedrückt hätte, wäre er für immer und alle Tage verschwunden gewesen. Er hasste dieses Geräusch und war immer froh, wenn seine Freunde wieder heil vom »Örtchen« runterkamen.

Draußen, auf dem mit Morgentau gefeuchteten Rasen, trat er beim Pinkeln in kleine Kaugummibällchen. »So ein Mist, da ist nix mehr mit ›Schöner Morgen!‹«, schimpfte er lauthals vor sich hin und sofort standen die sechs Männer wie eine Eins um Eduard aufgereiht.

SCHÖNER MORGEN, NEUER JUNGER TAG ...

... OHNE SORGEN,
EGAL, WAS KOMMEN MAG ...

»Guten Morgen, meine Herren! Habt ihr gut geschlafen? Ach, könntet ihr bitte in Zukunft eure Kaugummis irgendwo anders entsorgen? Ich hab nämlich keine Lust, mir die besonderen Absätze zu beschädigen, indem ich unnötig an der Erde kleben bleibe.«

»O.k.«, kam es wie aus einem Munde zurück.

»Und wisst ihr was! Heute möchte ich mir gern mal das Haus mit den zwei Raketentürmen von innen anschauen. Wenn ihr Lust habt, kommt ihr einfach mit!« »Nichts ist uns lieber«, sagten sie. Obamianer fotografieren nämlich für ihr Leben gern irgendwelche Besonderheiten in fremden Ländern. Und so machten sie sich gemeinsam nach dem Frühstück in Richtung Innenstadt auf.

DAS GROSSE GESCHENK

An der Domplatte angekommen, wollte Charlie, so hieß der Fahrer, mal wieder direkt vor dem Dom parken. Blaulicht an und dann mit VIP-Status ab durch die Menge. Eduard sah ihn an und sofort fiel ihm ein, was Eddy ihnen so mühsam versucht hatte beizupulen. »Keine Extrawürste, mein lieber Charlie. Einer unter den Seinen und nix anderes ...!«, sagte er mit seinem süßen Maulwurfsblick.

Charlie durchkurvte mühsam mit der Riesenlimo die engen Gassen um den Kölner Dom und die Bürger von Köln versuchten, immer ins Innere des Wagens zu sehen. Viele dachten, da kommt irgendein Promi, den sie gern mal live gesehen hätten, und einige verfolgten den Wagen sogar. Doch die abgedunkelten Scheiben ließen keinen Blick ins Innere zu. Die Menschen glaubten wirklich, dass Popstars etwas Besonderes wären, und sie konnten aufgrund der zunehmenden TV-Verblödung gar nicht mehr umdenken.

Endlich, nach 30 Minuten, fand Charlie zwei Parklücken, die hintereinander frei waren, und vorsichtig parkte er ein. »Alles nicht so einfach mit dem Riesenschlitten«, sagte er, »es ist eben kein Smart!«

Aber die Obamianer lieben es halt gern groß und die Menschen in »Pepitahausen« eher klein und alles genau durchdacht. Manche von ihnen hatten zuhause nur Tapeten mit Pepitamuster und vieles war so fürchterlich spießig.

Das fand Eddy überhaupt nicht gut, und nachdem Charlie eine Parkuhr mit Metallstücken gefüttert hatte, gingen sie los Richtung Dom. Man brauchte ja nur nach oben zu sehen und sofort fand man ihn mitten in Köln.

Unterwegs trafen sie einen schwarz gekleideten Mann mit Hut. Er glaubte fest daran, dass es hinterm Horizont immer weitergehe, und viele Menschen im Land liebten ihn. Er war in »Pepitaland« sehr berühmt, weil sein Denken alles andere als kleinkariert war. Auch er wollte an diesem Tag gern den Kölner Dom besichtigen. »Ich habe eine Huterlaubnis vom Dompropst!«, rief er freudestrahlend. »Und endlich darf ich rein! Mein Staatssekretär, Don Erwino, hat das gestern für mich gemanagt!« Eduard schüttelte den Kopf und dachte sich seinen Teil. »'Ne Huterlaubnis? Hier laufen doch auch so viele Kapuzenmännchen rum und einige tragen ja auch ein Käppchen. Was soll denn das, 'ne Huterlaubnis?«

Der Sänger wurde vom Domdiakon und dem rasenden Domradio-Reporter Thommy in Empfang genommen. Alle liefen unerkannt zu einem Fahrstuhl, der in Windeseile außen am Dom hochratterte, und – schwups! – war er auf dem Seitendach des Doms angekommen. Eine Windböe verfehlte dabei nur knapp seinen Hut. Doch alles ging gut …

Eduard und seine Freunde dagegen nahmen den Eingang für »Herrn Jedermann«, und als sie fast drin waren, stoppte ein Domwächter die kleine Prozession. Es sah ja auch eigenartig aus: Acht Männer mit einer bunten Badewanne voll Erde! »Was ist das?«, fragte ein kleiner Kapuzenmann und zeigte auf die Badewanne. »Damit können Sie hier nicht rein!«

Eduards neue Freunde wussten nicht, dass Wochen zuvor eine Bombendrohung per Post an das Domkapitel geschickt worden war. Der neue Papst wollte nämlich bald nach Köln kommen und irgendwelche fanatischen Extremisten, denen man bisher noch nicht auf die Spur gekommen war, hatten gedroht, den Dom samt Papst bei nächstbester Gelegenheit in die Luft zu jagen.

Eduard hielt sich im Erdreich versteckt und bekam nur ganz dumpf mit, dass es aufgrund der verschiedenen Sprachen zu keiner Verständigung und zu keinem guten Ergebnis zwischen den Männern und dem Dompersonal kam. Genau in diesem Moment kam der Sänger, der bereits mit seiner Dombesichtigung zu Ende war, hinzu – und wach, wie er nun mal ist – , bekam er den Konflikt am Haupteingang des hohen Hauses mit.

»Eh, keine Panik Männer! Das ist doch alles halb so schlimm«, sagte er näselnd. »Ich hab gestern in der Zeitung gelesen, dass zurzeit ein als Maulwurf getarnter neuer Popstar mit seinen Bodyguards aus Obamien in der Stadt unterwegs ist, und ich glaube, ich habe gerade die Ehre, zur rechten Zeit am rechten Ort zu sein.« Daraufhin griff er treffsicher in die Wanne und holte Eduard vor den Domwächtern ganz vorsichtig aus seinem Versteck heraus.

»Hallöchen!«, sagte er und Eddy wurde es ganz warm ums Herz. »Hallo!«, rief Herr Kratzfuss etwas verblüfft. »Mensch, von dir hab ich ja schon viel gehört. Bist du nicht dieser moderne Josua, der den Menschen damals mit seinen Liedern ordentlich Mut gemacht hat, endlich die lästige Mauer von Berlin wegzutreten?« Eduard schaute dabei auf die Schuhe des Mannes.

»Klar«, sagte er, »der bin ich. Hab ich doch gern getan. Aber ich muss wieder weiter, meinem Glück hinterher!«

Doch bevor er verschwand, drehte der Sänger sich plötzlich noch einmal um und zog ein Geschenk aus seiner Reisetasche.

»Eduard!«, sagte er mit nuscheliger Stimme. »Hier, nimm das und versuche weiter, deinen Weg zu gehen! Ich sehe, für die nächste Zeit und für das, was noch vor dir liegt, brauchst du noch mehr Mut und Power, als du bisher in deinen romanischen Schuhen hattest. Du wirst bald merken, es geht leichter vorwärts, auch wenn es mal besonders schwierig zu sein scheint. Es gibt mindestens immer einen Weg. Nur wer stehen bleibt, der verliert. Mir haben solche Schuhe immer geholfen, mein eigenes Ding zu machen. Ich komm gerade aus Tiefensausen und such den Weg nach Glückstadt. Der ist nicht immer so leicht zu finden, Eddy, aber in letzter Zeit spüre ich, dass da was ist, was mich lenkt. Ich geh immer über Ehrlichendorf, da hab ich gleich ein Meeting mit Arbeitgebern. Denen muss ich ein paar Zähne ziehen, damit sie sich nicht immer so fürchterlich an mir festbeißen. Denn ich bin ein Wanderer, der weitergeht, ein Sturm der kommt und weiterweht. Viel Spässken noch im Dom, Eddy, und vielleicht sieht man sich ja mal auf ein Gläschen Eierlikör in irgendeinem Hotel oder bei Gottschalk auf der Couch. Wer weiß, wer weiß, das Leben ist eine Wundertüte. Man weiß nie, was drin steckt ...!«

EDUARD NAHM DAS PAKET, OHNE ZU WISSEN, WAS IHM GROSSES GESCHAH.

Er öffnete es und befolgte den Rat des Sängers sofort. Die Schuhe passten wie angegossen. Die alten waren schon etwas zu eng geworden und er stellte sie an den Straßenrand. »Irgendeiner wird sie schon gebrauchen können!«, dachte er. Von dem Tag an waren Eddy, der Sänger und die neuen Schuhe unzertrennlich miteinander verbunden und sie hatten eine fast magische Connection. Tatsächlich wurde er immer mutiger. Glück durchfuhr ihn bei jedem Schritt.

So schnell, wie er gekommen war, ging der Mann mit der Huterlaubnis auch wieder weiter. Beim Weggehen sah Eduard, dass sie die gleichen Schuhe trugen.

Eduard war happy. Er hatte es geschafft, als erster Maulwurf den freien Zutritt in den Kölner Dom zu bekommen. Seine Erdwanne musste allerdings draußen bleiben. Und so spazierte Eduard ganz locker durch die Menschen hindurch. Auf der Orgel spielte jemand das, »Ave Maria«. Dies kannte er noch aus Romanien. Er fand die Musik schon, als er klein war, wunderschön.

Leider konnte er überhaupt nichts sehen. Die Leute standen ihm nämlich überall vor der Nase herum und so beschloss er, unter den Bänken ganz nach vorn zu krabbeln.

»Lebst du noch?«

Da stand ja wieder so ein Holz mit einem Querbalken, wie er es aus dem Petersdom bereits kannte. Auch an dieses Kreuz hatte man einen Mann fest angenagelt. Eduard wusste immer noch nicht, wer es war, und weil er wegen der vielen Menschen nichts sehen konnte, kletterte er vorsichtig an dem senkrechten Holzbalken hoch und setzte sich auf einen der weit ausgestreckten Arme des Mannes.

Niemand bemerkte ihn. Die Bodyguards waren von dem Riesendom derart begeistert, dass sie Eddy völlig aus den Augen verloren. Ab und zu wagte Eduard einen Blick in das Gesicht des Mannes. Und einmal, so ganz kurz, war es ihm, als hätte dieser ihn doch tatsächlich angelächelt.

Die Augen des Gekreuzigten waren fest geschlossen und auf seinem Kopf trug er ein Dornengeflecht. »Bestimmt hatte er sehr gelitten, bevor er zu dieser leblosen Holzfigur wurde«, dachte Eduard. »Oder ob der vielleicht ja doch noch lebt?« »Hallo!«, sagte Eduard leise. »Hu, hu, lebst du noch?« Nichts passierte.

Eduard dachte: »Vielleicht schläft er ja auch nur!« und zupfte ihn vorsichtig an den Haaren. Plötzlich öffnete er die Augen. »Wer bist du?«, fragte Eduard voller Neugier. »Ich bin Jesus!« »Und ich bin Eduard!«, sagte Eddy stolz. »Ich weiß«, sagte Jesus, »ich weiß!« »Du darfst gern Eddy zu mir sagen!« »Gerne, Herr Kratzfuss, sehr gerne«, erwiderte der Mann humorvoll.

»Woher kennt der mich?«, fragte sich Eduard und sah auf die großen Nägel in seinen beiden Händen. Kindheitserinnerungen wurden in Eddy wach. »Hast du einen Zwillingsbruder im Petersdom?«, fragte Eddy.

Der Mann schüttelte den Kopf. Dabei fiel ihm etwas Staub aus den Haaren. Er sagte: »Ich habe viele Schwestern und Brüder, aber ich selbst bin einmalig!«

»Der arme Kerl!«, dachte Eddy und fragte, auf die Füße des Gehenkten schauend: »Kann ich irgendetwas für dich tun, Jesus?« »Ja!«, sagte dieser, »ich würde so gern mal wieder unter die Leute gehen, aber ich

komm hier nicht weg!« Eduard blickte noch einmal auf die Nägel und fühlte plötzlich die Schmerzen des Mannes in seinen kleinen Tatzen.

Er überlegte einen Moment, dachte an seine Bodyguards und flüsterte: »Ich komme mit meinen Männern wieder und dann holen wir dich hier runter. Kannst dich drauf verlassen!« Jesus warf einen Blick auf Eddys Schuhe und sagte: »Ich warte auf dich!« »Dem muss doch irgendwie geholfen werden!« Das war Eddys feste Überzeugung.

Ronald, einer der Bodyguards, sah Eduard auf dem Arm des Gekreuzigten. Er wollte gerade den Altar des Doms fotografieren. »Eddy!«, rief er leise, »bist du verrückt? Was machst du denn da? Komm da sofort runter!« Eddy warf noch einen lieben Blick zu Jesus, und ihre Augen trafen sich dabei wieder so innig, dass sie sich nie mehr vergessen konnten. Es machte »Klick« in Ronalds Kamera und in Eddys Herz.

Eduard rutschte so schnell wie möglich an dem senkrechten Balken des Kreuzes herunter. Dabei fuhr ihm ein Holzsplitter in seine Hand. »Autsch!« Den Splitter zog er nie mehr raus! Leonhard und Ronald trugen Eddy zurück in seine bunte Wanne mit Kölscher Erde. Sie stand immer noch draußen vor dem Dom.

Es regnete, und weil der Herr des Doms anscheinend Nichtraucher ist, hatten einige Passanten, die den Dom besichtigen wollten, ihre Kippen in der Wanne ausgedrückt, und auch ihre leeren Flaschen steckten in der Erde. James, der Pilot, zupfte die Kippen geduldig heraus und brachte die Flaschen in einen Glascontainer.

»Wo stand denn noch mal unsere Limousine?«, dachte Charlie angestrengt nach. Nach einigen Minuten sahen sie das Riesending im Laternenlicht stehen. »Auweia, was ist das?«, rief Charlie. Hinter dem Scheibenwischer steckte ein Knöllchen. Die Parkzeit war bereits um 25 Minuten überschritten. 20 Euro waren fällig. 10 Euro pro Parkplatz. Eduard fand das ungerecht. Es war doch nur ein Auto. Ja, aber es brauchte nun mal zwei Parkplätze. Alles genau geregelt in Pepitaland!

Ob sich die Mitarbeiter des Ordnungsamtes Köln wohl sehr gewundert haben, als sie die Adresse des Fahrzeughalters – Weißes Haus,

Washington D. C. USA – nach langem Suchen endlich herausgefunden hatten ...?

Charlie fuhr zurück zum Flughafen. Die Männer wollten sich mal wieder richtig ausstrecken. Eddy hatte an seiner bunten Wanne genug. Als er in seiner geliebten Erde lag und endlich wieder ein kleines Häufchen machen konnte, verfolgten ihn die sanften Augen, in die er Stunden zuvor geblickt hatte. Er dachte immer nur an den Blick des Mannes am Kreuz. Eddy schaute durch das Fenster des Fliegers und spürte den Splitter in seiner Hand. Es dunkelte stark und er sah die Spitzen des hell erleuchteten Doms. »Komische Raketen«, dachte er, »die fliegen ja gar nicht. Und drinnen halten sie auch noch ihren besten Mann gefangen!« Er verstand das alles nicht.

Doch was hatte dieser Mann noch zu ihm gesagt? ›Ich warte auf dich!‹ Hmm ... Eddy zog seine neuen Schuhe aus. Er dachte lange darüber nach, was der Sänger und der Mann am Holzgerüst zu ihm gesagt hatten, und merkte gar nicht, wie ihm dabei die Augen zufielen. Wie gut, dass es eine Nacht gibt!

Der geheime Plan

Am nächsten Tag klingelte das Handy und Eddy fuhr aus dem Schlaf. »Hi, Eddy! Here is Barack! How are you?« »I am fine!«, erwiderte Eduard und er erzählte Barack von seinem neuen Freund in der »Raketenstation«. Er weihte ihn auch in seinen geheimsten Plan ein. »Den hol ich da raus!«, sagte Eddy. Der Präsident machte ihm Mut! »Yes, you can, he is still alive!« Er sicherte ihm seine volle Unterstützung zu. »Danke«, sagte Eddy!

Eduard hatte nämlich etwas ganz Spezielles vor. Er wusste, dass der Mann am Kreuz tatsächlich auf ihn wartete. Über Jahrhunderte hing er dort. Und Eduard konnte ihn dort einfach nicht länger hängen lassen. Er wollte ihn heimlich vom Kreuz runterholen und ihm seinen Wunsch erfüllen. Was Eddy jedoch nicht wusste, dass der Mann Gottes Sohn war und längst alle Fäden in Händen hielt.

Nachdem sich die Sicherheitsbeamten geduscht hatten und sich zum morgendlichen Briefing im hinteren Teil der Regierungsmaschine einfanden, weihte Eduard auch sie in sein Vorhaben ein.

Er wollte Jesus so schnell wie möglich aus dem Kölner Dom befreien, um mit ihm nach Fröhlichenberg in Gotteshausen zu fliegen, und Köln sollte nun seine ganz persönliche Glücksstadt werden. Eddy hatte nämlich von seinem Bodyguard Leonhard gehört, dass man vor langer Zeit auf dem Hügel Golgatha einen Mann mit Namen Jesus »aufs Kreuz gelegt« hatte. Dort sei er grausam gefoltert und ermordet worden. Er wünschte sich, alles genau aus erster Hand zu erfahren. Vom Augenzeugen direkt ins Herz ...

Die Sicherheitsbeamten sprangen aus ihren Sitzen und riefen: »Wow! Endlich mal wieder ein toller Auftrag!« Sofort liefen ihre inneren Antennen heiß und jeder hatte seinen Platz in dieser spannenden Aufgabe hundertprozentig eingenommen.

Eddy wollte natürlich auf keinen Fall die religiösen Gefühle der Menschen verletzen. Deshalb dachte er daran – bevor die Befreiung losgehen sollte –, den Kardinal des Erzbistums zu treffen. Er sollte ihm eine außerordentliche Ausgangserlaubnis für den Mann am Kreuz geben. Eddy rief deshalb im Büro des Erzbistums von Köln an, um eine Audienz beim Kardinal klarzumachen. Die nette Sekretärin Gisela nahm das Gespräch entgegen und stellte ihn gleich zu Monsignore Lappschwader durch. Dieser war äußerst nett und hilfsbereit. »Kommen Sie gern!«, sagte er. »Unser Erzbistum braucht dringend frischen Wind. Bringen sie ihn am besten gleich mit!« Auch der Kardinal freute sich auf jeden mutigen Besucher, besonders aus Romanien. Er hatte einen heißen Draht zum Vatikan und sagte immer: »Alles Gute kommt aus Rom!«

Die Bodyguards machten sich besonders schick. Eddy war das immer. Anschließend fuhren sie mit der Limo zum Kardinal. Der Fahrer gab *Marzellenstraße 32 / 50668 Köln* in den Navi ein und leise rollten die sechs Männer mit Eddy nach zwanzig Minuten im Innenhof des eleganten Anwesens ein. Der päpstliche Prälat Dr. Lappschwader begrüßte die Besucher freundlich. Der Kardinal saß an einem großen Tisch und meinte zur Begrüßung: »Bei uns nehmen viele ihr ›Maul‹ oft zu voll. Aber ich glaube, Sie bewegen etwas, Herr Kratzfuss. Und deshalb gebe ich Ihnen heute eine Privataudienz!« Eddy war überrascht. »Der bringt die Sache ja gleich auf den Punkt«, dachte er. Dafür war der Kardinal übrigens in ganz Pepitaland bekannt. Einige Bürger nannten ihn zwar »kleinkariert!«, doch sie haben sein weites Herz nie erkannt. Eddy bekam sofort Vertrauen zu dem weisen, alten Mann. Der Würdenträger machte den Vorschlag, dass man eine Renovierung des hinteren Altarbereichs im Domkapitel beantragen sollte. Er war nämlich sehr angetan von Eddys Idee, Jesus mal wieder unters Volk zu bringen. Schließlich war der ja auch sein bester Mann.

Am liebsten hätte er gleich zum Handy gegriffen, um seinen Oberchef in Rom anzurufen. Den gab es nämlich auch noch. Und diesen wollte er gern für das sehr außergewöhnliche Vorhaben gewinnen. Ohne ihn konnte er in dieser heiklen Angelegenheit leider nichts machen. Das fand Eduard allerdings etwas traurig. Er sagte: »Muss denn immer alles und jedes so ferngesteuert sein und geht's nicht hier und da auch mal etwas lockerer, spontan und etwas eigensinniger? Das wäre doch spannend und bestimmt auch viel abenteuerlicher, Herr Kardinal?«

Eddy wollte die Audienz seinerseits schon beenden, meinte aber dann noch: »Ich danke Ihnen, Eminenz, im Namen meiner gesamten Crew für ihren mutigen Vorschlag. Doch bis die vielen Ausschüsse und Gremien das alles in Pepitaland genehmigt haben, vergehen bei dem derzeitigen Kirchentempo mindestes noch 500 Jahre. Und weil kein Maulwurf so alt wird, kann ich auch nicht so lange warten. Außerdem will ich meinen neuen Freund im Dom nicht so lange hängen lassen!« Eduard vermisste bei den Würdenträgern auch die speziellen Schuhe, die schnell genug wären. Aber er räumte auch ein, sich da evtl. doch noch täuschen zu können.

Er bedankte sich nochmals herzlich bei dem Kardinal und seinem Vertreter und wollte gerade aufstehen. Da holte Monsignore Lappschwader schnell ein riesiges Buch aus dem Regal und schlug es auf dem Tisch vor Eddys Augen auf. Der Monsignore las Eddy lächelnd aus dem Buch eine Stelle aus Levitikus, Kapitel 11, Vers 29 vor:

»So sprach der Herr zu Mose:
›Von den kleinen Landtieren, die auf der Erde
kriechen, gelten für euch als unrein die Mäuse und
Maulwürfe, alle Eidechsenarten und das Chamäleon.
Wer sie berührt, nachdem sie verendet sind, ist bis
zum Abend unrein!‹«

Eddy bekam »lange Ohren«. »Wie heißt das Buch?«, wollte er wissen. »Die Bibel!«, antwortete der Kardinal mit Glanz auf seinem ehrwürdigen Gesicht. Eddy war hocherfreut, staunte und rief: »Schau her, Jimmy, in der Bibel steht, was ich schon immer gesagt habe: Maulwürfe dürfen nicht gegessen werden! Der Erfinder der Welt hat's sogar höchstpersönlich verboten. Wahrscheinlich trägt der auch unsere Schuhe und an Anna-Leena hat er auch gedacht. Aber unrein? Ne, das sind Mausi und ich nun wirklich nicht!« Eddy quiekte laut vor Freude!

»Dieses Buch gilt weltweit«, scherzte der Vertreter des Kardinals. »Also auch in Romanien!«

»Das werde ich dem Wurstverkäufer aber unter die Nase reiben, wenn ich wieder zu Hause in Rom bin«, sagte Eduard. »Männer«, rief er begeistert, »merkt euch diese Stelle in dem dicken Buch! Haben wir so etwas eigentlich auch bei uns im Flieger?« Gary zog die Schultern hoch und machte ein fragendes Gesicht.

Gütig lächelte der Kardinal und schenkte Eddy und seinen Begleitern zum Abschied die Bibel. Eddy warf einen letzten Blick unter den Tisch und er sah sie doch! Geputzt und schrittfest standen diese beiden Männer aus »Kölle« in den Schuhen, die er so sehr liebte. »Niemals zurück!«, war ihre Marke.

»Dann lassen Sie sich mal nur nicht auf die Füße treten!«, rief Eddy ihnen mit einem Augenzwinkern zu und verließ dankbar und erleichtert mit dem schweren Buch unter seinen Armen das Büro des Kardinals und des päpstlichen Prälaten.

»Klasse Typen, ne?«, sagte er beim Rausgehen. »Die haben ja doch die Schuhe mit den speziellen Absätzen dran. Wir müssen denen nur mal unsere Feuercreme zukommen lassen. Aber man kann ja nicht alles zur

gleichen Zeit machen. Jetzt wollen wir uns erstmal um unsern Magen und danach endlich um den Mann am Kreuz kümmern!«

Eduard und seine Männer suchten eine Pizzeria, in der es Pizza mit Engerlingen gab. Das war nicht so leicht. Doch endlich fanden sie einen Laden in einer kleinen Seitenstraße Kölns. Dort gab es tatsächlich Pizza mit gerösteten Engerlingen und alle warteten gespannt aufs Essen. Das dicke Buch war ganz schön schwer. Es dauerte und dauerte mit den Pizzas ... Eddy war noch immer sehr angetan von dem Kardinal und seinem Team. Mitten in der Pizzeria schlug er, während die Männer ungeduldig aufs Essen warteten und mit ihren Gabeln auf dem Tisch herumklapperten, das dicke Buch auf und fand zufällig eine interessante Beschreibung der Weisheit, die er Stunden zuvor bei den Kirchenmännern ebenfalls meinte gespürt zu haben. Er stellte sich auf den Stuhl und las den Männern die Eigenschaften der Weisheit vor:

»Es wohnt in ihr ein hoher Geist, gedankenvoll, heilig, einzigartig, vielfältig, zart, beweglich, durchdringend, rein, klar, unverletzlich, das Gute liebend, scharf, nicht zu hemmen, wohltätig, menschenfreundlich, fest, sicher, ohne Sorge, alles vermögend, alles überwachend. Sie durchdringt alle Geister, die Denkenden, Reinen und die Zartesten. Sie ist beweglicher als alles, was sich bewegt, sie geht und dringt durch alles – so rein ist sie. Ein Hauch der göttlichen Kraft und ein reiner Strahl der Herrlichkeit des Allmächtigen; darum kann nichts Unreines in sie hineinkommen ...«

»Männer!«, sagte Eddy, »das ist doch auch genau der Inhalt unserer Feuercreme. Putzt euch ja damit täglich die Schuhe ... so einen Spirit hab ich schon immer gesucht und nun hab ich ihn in dem dicken Buch vom Kardinal gefunden. Nur manchmal sind einige Stellen schwer zu verstehen. Würmer, stand da irgendwo drin, sollte man angeblich auch nicht essen dürfen. Wat'ne Welt«, sagte Eddy, »auf meine Lieblinge soll ich verzichten? Niemals!«

Die Pizzas wurden serviert und den Männern war es peinlich, dass Eddy so laut in der Pizzeria aus der Bibel vorlas. Einige von ihnen rülpsten laut im Chor und das war Eddy wiederum peinlich. »Ihr braucht anscheinend wohl noch mehr Weisheit!«, sagte er lächelnd und klappte das Buch mit Wucht zu. Bumm, machte es und die Servietten wirbelten davon durch die Luft. Die Männer verschlangen gierig ihre Pizzas und ließen die Engerlinge auf dem Tellerrand brav liegen. »Nix wie weg hier!«, sagten sie. Eddy verabschiedete sich von dem Besitzer und ging fröhlich pfeifend zur Limo. Die Männer folgten ihm. Jimmy trug das dicke Buch und legte es Eddy vorsichtig in die Wanne ...

Er war erfüllt von seinem Geheimplan und wollte er das Ding mit dem Mann am Holzgerüst endlich durchziehen. Das dicke Buch begleitete ihn und die Männer von dem Tag an und Eddy freute sich, seinen Erfinder darin immer besser kennenzulernen. Und bald sollte er ihm sogar begegnen. Nur die Stelle mit dem Wurmessverbot, die sah er nicht ganz ein. »Gott weiß wohl nicht, wie lecker die Dinger sind!«

DIE VERBOTENE TAT

Die »Nacht der offenen Kirchen« stand vor der Tür und einige Kölner feierten dies immer gern zusammen mit ihrer Karnevalsmaskerade. Das war ein guter Grund und Eddy summte schon mal leise mit seinem neuen Elektroroller den neun Männern voraus in die Altstadt. Nachdem die Bodyguards ihren täglichen Sport auf dem Flughafenrasen absolviert hatten, trafen sich alle am frühen Abend an der Domplatte. Eddy fuhr mit den vielen Skatern, die es dort massenhaft gab, den ganzen Nachmittag Wettrennen. Meist gewann er. Dann brachte er »Tante Paula« zum energetischen Aufladen ins direkt neben dem Dom gelegene DOMFORUM. Dort war man sehr nett und versorgte sein »Summ summ« kostenlos mit atomfreiem Strom...«Dr. Scharr« stand draußen an der Türklingel. »Na das passt ja gut zu mir!«, dachte Eddy.

Gegen 23.00 Uhr schlich Eddy sich samt Roller und seinen »Bedienste-ten« in den hinteren Teil des Doms. Die Kirche war, wie vieles in Pepi-taland, auf Sparkurs eingestellt und man hatte bereits das elektrische Licht abgeschaltet. Hier und da funzelte eine Kerze und gab ihr warmes Licht. Der Kirchendiener machte an diesem Abend eine Sonderschicht und ein kleines Nickerchen in der viel zu harten Kirchenbank. In einem Beichtstuhl hatte es sich ein leicht angetrunkenes Liebespaar gemüt-lich gemacht. »Mach das Licht aus!«, rief der Glatzkopf. »Upps«, sagte Eddy, »das hab ich vergessen. Maulwürfe sind auch nur Menschen!«. *Klick* machte es am Lenker seines neuen Spielzeugs! »Ich hab aber noch 'ne Taschenlampe mit!«, sagte Eddy.

»Die brauchen wir später!«, antwortete Roberto. »Du musst nur immer genau auf den Nagel leuchten!«

Der Glatzkopf setzte sich neben den Kirchendiener und zog ihm vor-sichtig den Schlüssel der Sakristei aus der Manteltasche. Leonhard hol-te geschickt eine Leiter aus der Sakristei und stellte sie von hinten an das Kreuz über dem Hauptaltar. Roberto, der Glatzkopf, stieg ganz lang-sam an ihr hoch und sagte: »Oh Mann, wenn uns hier einer erwischt, dann liefern die uns glatt wegen religiösem Wahn irgendwo ein!«

»Quatsch nicht so'n Blödsinn!«, sagte Eddy, »tu ihm nur nicht weh!« Eduard hatte extra noch mal seine Schuhe mit Feuercreme geputzt und klopfte ganz leise an das Kreuz. Er schaute hoch und flüsterte: »Du siehst, ich halte Wort!« »Ich auch«, antwortete es leise vom Kreuz. »Schön, dass ihr da seid!« »Bist du so weit?«, fragte Eddy den Mann, den die meisten Menschen für tot hielten. Jesus nickte und sagte: »Schon lange!« Mit Geisterhand hatte dieser bereits die Alarmanlage im Altarbereich auf »Aus« gestellt! Roberto hatte eine Kneifzange aus dem Bordwerkzeug des Fliegers mitgebracht und zur Sicherheit den Verbandskasten aus der Limo. Er begann zaghaft, aber gut bewacht von seinen Kollegen, mit der gewagten Befreiungsaktion. Eddy stützte ihn dabei, so gut er konn-te. »Die Nägel nehme ich mir als Andenken mit!«, dachte Roberto. »Die allein nützen dir auch nichts!«, sagte der Mann am Kreuz freundlich. Roberto verstand nicht, dass dieser Mann sogar seine Gedanken erken-nen konnte, und zog mit aller Kraft, jedoch sehr vorsichtig, den ersten Nagel aus Holz und Mensch. Es knirschte im Gebälk.

Als der glatzköpfige Roberto den zweiten Nagel herauszog, machte es *ping*. Der Nagel fiel hell klingend auf den Hauptaltar. »Au weiha!«, dachte Eddy. Doch es ging noch einmal gut. Keiner hatte etwas gehört. Jesus hielt sich mit beiden Händen am Querbalken des Kreuzes fest und wartete, bis Roberto den dritten und letzten Nagel aus seinen Füßen und dem senkrechten Balken des Kreuzes herausgezogen hatte. Dieser saß besonders fest und Roberto kam leicht ins Schwitzen. »Was haben die bloß mit dem armen Kerl gemacht?«, sagte Roberto leise. »Das hab ich auch für dich getan, Roberto!«, antwortete der Mann. Eddy rief: »Stopp, Roberto!«, und zu Jesus sagte er: «Nimm das grausige Dornengestrüpp von deinem Kopf! Draußen ist Karneval und es wäre schade, wenn die Leute dich auslachen. Sie könnten denken, du gehst als Jesus, und das geht selbst den Kölnern zu weit!«

Bevor der letzte Nagel in Robertos Tasche landete, nahm Jesus die Dornenkrone mit einer Hand vorsichtig ab und hängte sie oben über sich auf den Balken. Er musste sich dabei ganz schön strecken ...

»Danke für den Rat.«, sagte er zu Eddy. »Schön, dass du mitdenkst!« »Ist Kratzfussart, das hab ich von meinem alten Herrn gelernt!«, sagte Eddy stolz.

Für den sonst so lauthalsen Roberto war diese Aktion eine echte Herausforderung. Nach einigen Minuten war Jesus jedoch von seiner Starre befreit. Er ließ den Kreuzbalken los und sprang voller Freude auf den Altar. Dabei wäre er beinah auf der Altardecke weggerutscht und hinterließ auf ihr bleibende Spuren. Nachdem er sich wieder gefangen hatte, drehte er sich noch einmal kurz zum Kreuz um und sah seine Krone hoch oben allein am Stamm hängen. Ronald und Leonard reichten ihm – zuerst etwas zögerlich, doch dann mit Freuden – ihre Hände und zogen ihn zu sich auf den Boden. Die Erde hatte ihn wieder und Eddy knipste die Taschenlampe erleichtert aus. Er quiekte vor Freude. Jetzt wusste er, warum er die neuen Schuhe tags zuvor vom Sänger bekam. Das Unmögliche wird nur dann möglich, wenn man es macht!

Liebevoll und zärtlich nahm Jesus Eddy, dann Roberto und danach alle Männer in seinen Arm. Er drückte sie ganz fest an seine Brust und dabei spürten sie alle seinen Herzschlag: *Bum, bum – bum, bum – bum, bum!*

»Eduard«, sagte Jesus voller Freude, »was du heute für mich getan hast, werden viele nicht verstehen. Sie werden dich beschimpfen und es verbieten, davon zu erzählen. Doch ich kenne dein Herz. Eddy, ich weiß, dass du mit mir keine böse Absicht hegst. Einige jedoch – und damit meinte er den Kardinal und seinen Vertreter –, die mich hier etwas näher kennen, werden froh sein und eure Aktion voll unterstützen. Sie werden diese Story in ganz Pepitaland bekannt machen. Danke, Eduard! Nur eins musst du dir merken: Geduld, Geduld, Geduld! Nicht alle haben die Feuercreme und die Schuhe, die du trägst. Dein Platz in Himmelshausen ist sowieso gesichert und ich werde dir hier und dort alle Wünsche deines guten Herzens erfüllen. Ebenso die deiner Mitstreiter! Kannst dich voll drauf verlassen. Ich geb dir mein Wort. Denn ich bin das Wort. Und danke auch für die Kleidung!«

Leonhard stellte die Aluminiumleiter wieder zurück in die Sakristei, schloss ab und gab dem immer noch süß schlafenden Kirchendiener in Bank 311 den Generalschlüssel zurück. Und zwar so, dass dieser nicht aufwachte. Jesus schlüpfte in eine Jeans, die Leonhard ihm vorausschauend mitgebracht hatte, und streifte sich einen etwas zu großen schwarzen Pulli von Ronald über. Die beiden Männer waren in der Crew dafür bekannt, dass sie ihr letztes Hemd für andere stets hergaben. Jesus freute sich! Endlich wieder mitten unterm Volk. Da wollte er doch schon lange hin. Einer unter den Seinen und nix anderes ...

Barfuß und völlig unerkannt ging er mit Eddy auf seiner Schulter und den neun Männern aus dem Dom. Anfangs torkelte er noch ein wenig. Bei Bank 311 blieb er kurz stehen und blies dem Kirchendiener ins Gesicht. Der fuhr aus dem Schlaf, guckte ihn an und dachte: »Häh, den kenn ich doch?« Danach schlief er weiter ...

»Oh, ich hab meine Tante Paula vergessen!«, rief Eddy. Doch Roberto hatte sie bereits rollend unter seinen Füßen und fuhr auf leisem Gummi voraus. Die Schritte des Hauptdarstellers aus dem Dom wurden bis zur großen Domtür immer fester. »Gut gegangen!«, sagte Eddy. »Ja, und ich habe eine ganz neue Lust auf das Leben!«, sagte der Auferstandene ...

ÜBER ROTE AMPELN

Draußen tobte der Karneval und Jesus hatte Durst auf sein allererstes Kölsch. »Aber nur eins, denn sonst darfste nicht mehr fahren!«, sagte Eddy. »Denk an Frau Käsmann!«, witzelte er. »Ach«, sagte Jesus mit allem Ernst, »sie hätte meinetwegen ruhig im Amt bleiben können«. Ihre Würde war unverletzt! Gott ernährt so manchen Wicht und es schadet nicht! Da gab und gibt es ganz andere, die als Männer und Frauen der Kirche und anderer Berufe nüchtern über »rote Ampeln« kleiner Menschen gefahren sind. Sie sind leider immer noch in ihren Ämtern, aber bei mir schon längst nicht mehr in Würden. Wehe, wenn sie nicht umkehren! Ich möchte nicht in ihrer Haut stecken. Wer einen von den Kleinen, die an mich glauben, zum Bösen verführt, für den wäre es besser, wenn er mit einem Zentnergewicht um den Hals ins Meer geworfen würde. Ich mag die Margot sehr und meine Kirche hat mit ihrem Rücktritt eine Frau, die mich liebt, im Bischofsamt verloren!«

Eddy verstand, was er mit »Ampelüberfahren« meinte, denn seine Freundin, die Kirchenmaus Anna-Leena, hatte ihm so manches aus ihrem Beichtstuhl-Lausch-Rausch in Rom erzählt. Er wusste genau, nichts ist gut in Afghanistan, in den Kirchen und überhaupt bei den Menschenkindern. Aber viele suchen und streben nach Gutem und tun es auch. Es gibt eben nichts Gutes, außer man tut es.

Jesus genoss jeden Schritt und unterhielt sich mit den Nachtschwärmern. Doch die wenigsten kannten ihn, obwohl er doch so lange schon in ihrer Stadt hing. Das machte ihn traurig. Und noch etwas betrübte ihn sehr. Er sah kaum einen Priester unter den feiernden Menschen. Es lagen viele Betrunkene auf den Straßen und er blieb vor jedem stehen, sprach sie mit Vornamen an und streichelte ihnen liebevoll übers Haar. Einige wehrten sich. Andere freuten sich und blieben von da an nüchtern.

Gegen fünf Uhr morgens machten Jesus und Eddy sich mit dem »Summ-Summ-Roller« auf den Heimweg. Eddy wollte endlich zurück in seine geliebte bunte Erdwanne. Er zeigte seinem neuen Freund den Weg. Jesus fuhr rasant und ohne Helm. »Achtung, rot!«, scherzte Jesus und fuhr voll drüber. Eddy hätte nie gedacht, dass der Mann vom Kreuz

so ein lockerer Vogel ist und jeden Spaß mitmachte. In dieser Nacht waren nämlich alle Ampeln in Köln auf Rot gestellt, und vielen Karnevalisten dröhnte bereits der Schädel. Nur das Fahren ohne Helm kostete einen Punkt in Flensburg ...

Doch der Polizist fand weder seinen Vor- noch Nachnamen in seinem Computer. Er war großzügig und drückte beide Augen zu.

Jesus bedankte sich und sagte. »Gerhard, ich werde mich dermaleinst revangieren!«

Ein letztes »Helau!«, und sie fuhren mit etwa 30 Stundenkilometern lautlos zum Flieger. »Cooles Teil!«, sagte Jesus und stellte Tante Paula zufrieden über die umweltfreundliche Technik auf den Ständer.

Sie stiegen die Gangway der Air Force Two hoch und das Neonlicht im Flieger war bereits auf Sonnenaufgang gedimmt. Als Eddy sich gemütlich ins Erdreich seiner Wanne eingebuddelt hatte, sprach Jesus mit ihm sein erstes Morgengebet. Beide guckten sich dabei liebevoll an. »Danke«, sagte Jesus, »dass du so mutig warst und meine Lebendigkeit und Leiden gespürt hast. Aber weißt du eigentlich, worunter ich am meisten leide?«

Eddy schüttelte den Kopf. »Kaum einer kennt mich!« »Das kann man doch ändern!«, gähnte Eddy. Jesus verlor eine Träne. Sie tropfte auf Eddys Fell. »Eddy«, sagte er, »ich mag deinen Mut und wünschte, es wären alle Menschen darin so wie du!«

Der Maulwurf zog einen fetten Regenwurm aus der Wanne und hielt ihn Jesus direkt vor die Nase. »Magst du die auch so gerne?«, fragte Eddy mit großen Augen. »Nee!«, lachte Jesus. »Die haben mich auch niemals gekriegt!«

Eddy dachte: »Der müsste Gott sein!« Einen so lieben Menschen wie Jesus hatte er auf seiner ganzen »Wühlreise« noch nie getroffen! »Jesus«, fragte er, »hast du schon mal telefoniert?« »Meistens rufen die Leute mich an«, lachte Jesus. »Aber gib ihn mir mal!« Er konnte nämlich die Gedanken von Eddy lesen und war bereit, Eddy auch diesen Wunsch zu erfüllen.

»Hier ist der mächtigste Mann der Welt!«, sagte Eddy und gab Jesus seinen BlackBerry. »Er kann's gebrauchen, und er wird sich bestimmt freuen. Barack ist sein Name!«, sagte Eduard und hörte kurz weg. Jesus sprach lange mit Barack Obama. Die beiden kannten sich und wünschten sich gegenseitig alles Gute. Barack erwähnte, was Eddy ihm im Weißen Haus unter vier Augen einst erzählt hatte. »Ich weiß«, sagte Jesus. »Ich weiß! Hab keine Angst, ich bin bei dir! Auch wenn es dicke kommt. Vertraue und denk du doch bitte noch einmal über deine Haltung in der Abtreibungsfrage nach! Das geht so nicht, Barack. Es sind meine Kinder. Und zwar nicht wenige!« Die Verbindung war plötzlich abgerissen.

Jesus legte das Handy mit ziemlicher Wucht und mit einem ernsten Blick in die Ladestation zurück. So kannte Eddy seinen neuen Freund auch noch nicht. »Was ist denn mit den Kindern?«, wollte Eddy wissen. Jesus weinte und dachte dabei an die vielen kleinen Menschen, die nie das Gesicht ihrer Mutter gesehen hatten und die in den vielen Abtreibungskliniken als Rauch im Schornstein nach Himmelshauen aufstiegen. Auch die vielen Frauen taten ihm leid. »Meine Mutter«, sagte er, »hat mich unter schwierigsten Umständen empfangen und auch ausgetragen. Sie sagte Ja und ich war da! Sogar bei meinem Tod war sie an meiner Seite!«

»Wie heißt sie denn?«, fragte Eddy neugierig. »Maria!«, antwortete Jesus mit strahlenden Augen.

Die Sonne ging auf. Eddy und Jesus neckten und liebkosten sich noch ein wenig. »Kennst du einen Witz?«, wollte Eduard wissen, während der Wurm ihm auf der Zunge zerging. Und Jesus erzählte einen nach dem anderen. »So könnte Gott sein«, dachte Eddy erneut, und er schlief zufrieden in den Armen, die er in dieser Nacht vom Kreuz befreit hatte, ein. Er war so entspannt, dass er wie ein Mops schnarchte.

»Mein Eduard«, seufzte Jesus. »Mein lieber kleiner Eduard.« Er zog ihm die Schuhe aus und putzte sie mit Feuercreme. Für Jesus war es außerordentlich spannend, zum ersten Mal in einem Flugzeug zu sein. Er kraulte noch einmal Eddys kuscheliges Fell und ging nach vorn zu dem Piloten James. Jesus staunte, was die modernen Menschen alles

erfunden hatten, und konnte es kaum erwarten, mit diesem Ding in seine alte Heimat nach Gotteshausen zu fliegen. Während James ihm die vielen Knöpfe und Schalter im Cockpit zu erklären versuchte, fielen Jesus die Augen zu und er schlief auf dem Copilotensessel ein.

AM SELBEN MORGEN FAND WIE GEWOHNT EINE MESSE IM KÖLNER DOM STATT. KEINER JEDOCH BEMERKTE, DASS DAS KREUZ LEER WAR. AUCH NICHT DER PRIESTER …

AUF NACH GOTTESHAUSEN

Das Rollfeld auf dem Flughafen Köln-Bonn erzitterte, und die auf 10 Personen angewachsene Reisegruppe verschwand langsam in den Wolken.

Eduard schlief heute mal etwas länger. Es war alles ganz schön aufregend in den letzten Tagen gewesen und der neu hinzugekommene Passagier übte seine ersten Flugkünste als Copilot. Noch einmal kreiste die Maschine über Köln und durch eine Wolkenlücke hindurch sah man ein letztes Mal kurz die Spitzen des Domes. Pilot James stellte den Autopiloten auf Tel Aviv ein und Roberto servierte das Frühstück mit einer frisch rasierten Vollglatze …

Es gab Cornflakes mit Milch. Das mochte Eduard neben den Zuckerengerlingen am liebsten. Man einigte sich darauf, nirgendwo zu erwähnen, dass seit gestern ein besonderer Gast zur Gruppe gehörte. Um ganz sicher zu gehen und um keine dummen Pannen und Peinlichkeiten mit den strengen Gotteshausener Behörden bei der Einreise zu erleben, war Jesus bereit, auch auf den unverfänglicheren Namen Immanuel zu hören.

Es war übrigens sein Zweitname, aber das wusste fast niemand. Er selber machte sich auch keine Sorgen über seine fehlende Figur am Kreuz im Kölner Dom. Als Auferstandener konnte er ganz gut mit beiden Rollen umgehen.

Die Sonne ging auf und es lagen etwa 4 Stunden Flugzeit vor Eduard und seinen Freunden. Der weitsichtige Leonhard vermisste seine Frau und Eduard gab ihm den BlackBerry, damit die Liebe nicht erkaltet. Ronald, der Fleißige, hatte eine Erkältung, die er nicht loswurde. Er war etwas zu lange in der Karnevalsnacht auf der Piste gewesen und hatte sich dabei wohl was weggeholt. Trotzdem war er wie immer am »Start«.

Roberto, der Glatzkopf, hatte in Obamien früher mal ein Buch in einem Hotel mitgehen lassen. Es lag dort in einer Nachttischschublade. Da stand alles genau drin, was Immanuel alias Jesus damals vor und nach seiner Ermordung gemacht hatte, und er war besonders heiß darauf, nun endlich alles aus erster Hand erfahren zu können. Er setze sich mit dem Buch zu Immanuel und löcherte ihn. Jesus hatte damals Blinde sehend gemacht, Menschen von schwierigen Hautkrankheiten geheilt und sogar Tote auferweckt. Als Eduard das mitbekam, gesellte er sich dazu und wollte besonders genau hören, warum und weshalb man seinen Freund damals getötet hatte. So etwas gab es nämlich unter Maulwürfen nicht.

»Beam & Wumm!«

Gary, ein sehr nachdenklicher Bodyguard, war der Technikfreak unter den Männern. Er hatte stets Zugang zu den neusten Computerspielen, denn das war sein Hobby. Kürzlich war in Obamaland ein Spiel auf den Markt gekommen, womit man sich in vergangene und zukünftige Zeiten live hinversetzen konnte. Alles wurde absolut real erlebt. Dieses Spiel hatte eine spezielle Raumgrafikkarte, die es den Spielern ermöglichte, alles, was bereits auf dieser Erde geschehen war, im Hier und Jetzt noch einmal in Farbe, Echtzeit und unter Einbeziehung der eigenen Person zu erleben. Man brauchte nur das Datum und den Ort des Geschehens eingeben, um alles hautnah und live mitzuerleben.

»Beam« dich ein und man war mitten drin und live dabei inklusive Klima, Gerüche und sonstige Atmosphären. Es übertrug die politischen Stimmungen der Vergangenheit, der Gegenwart und sogar der Zukunft. Davor hatten die Politiker Angst. Ohne 3-D-Brille und alles in HDTV-Qualität. Egal, ob es um den Bau der Pyramiden ging, um die Krönung Karls des Großen oder um die Kreuzigung Jesu. Das war der absolute Renner ... »YESTERDAY – NOW!«, hieß dieses PC-Spiel, und als es herauskam, bildeten sich über Wochen lange Schlangen vor den Geschäften, weil jeder dieses eben nicht gerade preiswerte Spiel unbedingt haben wollte. Weil die Regierenden aber Angst davor hatten, dass es durch dieses Spiel weltweit zu einem Realitätsverlust hätte kommen können, verboten sie es wieder und nur wenige aus Regierungskreisen besaßen die neusten Updates. Einer davon war der Bodyguard Gary.

Auch Eduard war restlos begeistert. »Immanuel«, rief er, »lass uns mal in deine Welt reingehen! Ich zeig dir danach mal meine.« »O.k.«, sagte Immanuel und Gary fragte ihn nach seinem Alter. »Ungefähr 2010«, sagte Immanuel. »Dafür siehste aber noch ganz schön jung aus«, scherzte Gary und wollte noch den genauen Geburtsort und - wenn es geht – auch die Straße wissen.

»Bethlehem in Brothausen, Straße ist mir nicht bekannt. War damals nicht so wichtig!«, antwortete Immanuel. Alles wurde genau eingegeben und Eduard durfte die Entertaste drücken.

In Windeseile öffnete sich ein neuer Raum. Alle saßen plötzlich, bis auf Immanuel, in langen Gewändern in einem Stall. In der Mitte quakte ein kleines Bündel Mensch zufrieden vor sich hin. Die Teilnehmer des Spiels wussten sofort die Namen der Darsteller und Immanuel fand es toll. »So hab ich mich bisher nur auf Fotos und Gemälden gesehen!«, sagte er und er streichelte dem Krippenkind zärtlich übers Haar. Immanuel sagte:

»GUCK MAL, EDDY,
WAR ICH NICHT EIN SÜSSES BABY?

Damals wusste ich allerdings noch nicht, dass ich später einmal an solch einem Balken, wie du sie an der Decke siehst, ein Weltstar werden würde!« »Versteh ich nicht«, sagte Eddy und guckte sich an dem Kleinen satt. Maria freute sich.

Tränen liefen Immanuel über die Wangen. Eduard, der übrigens auch nahe am Wasser gebaut war, allein schon um die Erde regelmäßig aus seinen kleinen Maulwurfsaugen zu spülen, weinte gleich eine Runde mit. Josef war zum Holzholen gegangen. Und als er wiederkam, sagte Immanuel: »Der hat es nicht leicht gehabt. Mein Pflegevater ist früh gestorben und hat meine Ermordung zum Glück nicht mit ansehen müssen. Aber Mama hat's live gesehen und wäre beinahe daran zerbrochen. Später hat sie mir mal gesagt, das war, als ob ihr jemand ein Schwert durch die Seele jagt.«

Eduard wurde hellhörig. Er dachte sofort an seine Mutter Frieda. Die hatte es auch nicht leicht. Denn auch sie hatte ihren Sohn verloren. Dann kam der Zuckerschock. Und aus war's …

»Willst du sie mal sehen?«, fragte Immanuel voller Anteilnahme. Eduard nickte. »Gib bitte einmal Himmelshausen ein und den Namen *Frieda Kratzfuss, geborene Richter*«, bat Immanuel Gerald.

Erstaunliches geschah! Für einen Moment, der allen wie eine Ewigkeit vorkam, waren sie von einem unbeschreiblichen Licht umstrahlt. Die Atmosphäre in diesem Raum war so angenehm und leicht, dass die Schwerelosigkeit dagegen wie eine Last erschien.

Eine wunderschöne Maulwürfin mit einem jungen, gut aussehenden Maulwurf stand plötzlich vor ihnen. Alle wussten: Es waren Frieda und ihr Sohn Paul. Ein Strahlen und Lächeln ging von ihren Gesichtern aus, als wären sie im siebten Himmel. Waren sie ja auch ...

Eduard konnte sich nicht mehr länger in seinem Sessel halten. Er flog geradezu in Friedas Arme und sie in seine. Danach drückte er sich fest an Pauls Brust. Paul war Eduards großer Bruder. Er war leider viel zu früh nach Himmelshausen gegangen. Er litt zeitweilig sehr unter der Erdanziehungskraft und sah manchmal keine Farben mehr. Beide hatten sich lange nicht mehr gesehen und Frieda war sehr froh, dass sie sich nun für einen Moment wiederhatten.

Dann sagte sie: »Eduard! Hör auf Immanuel und mach immer, was er sagt! Auch wenn dir die Menschenkinder dabei oft Knüppel zwischen die Tatzen werfen. Jesus fehlt uns übrigens hier oben sehr. Aber sein Vater ist wie er! Mach's gut, mein Süßer! Bis wir uns wiedersehen!«

Zisch - und weg waren sie! Eduard hatte plötzlich so viel Energie, wie keine tausend gerösteten Engerlinge ihm hätten geben können. Puh! Alle brauchten erst mal eine Pause. »Das Spiel ist ja supercool!«, rief der Glatzkopf und er konnte es kaum erwarten, die Ermordung Immanuels mitzuerleben. Er war vernarrt in Krimis und meldete sich als Nächster an, um seinen Wunschort – nämlich Golgatha – einzugeben.

Die Anschnallzeichen ertönten und der Flieger setzte sanft in »Gotteshausen« auf. Eduard sagte: »Guck mal, Jesus! Wir sind in deiner Heimat angekommen.« »Hm, hat sich aber ganz schön verändert«, sagte Immanuel und trug Eddy beim Aussteigen in der Jackentasche raus auf die Gangway. Das Thermometer zeigte 38 Grad. Sie waren in Tel Aviv gelandet. »Wie hier wohl die Engerlinge schmecken?«, fragte sich Eduard, der langsam Hunger bekam.

»Heiliges« Land

Zollkontrolle! Sie sollte nicht so einfach werden! Auf keinem Flughafen der Welt wurde so streng kontrolliert wie in Gotteshausen. Jesus war von Beruf König von Himmelshausen und dort gab es keine Pässe, Ausweise, rote Teppiche und Audienzen. Alles das brauchte man als Bürger von Himmelshausen nicht.

»Wie das wohl ausgeht?«, fragten sich die Bodyguards ... Eduard musste sich zunächst in seiner Erdwanne verkriechen, denn er war als Tier ohne Chip und Impfausweis in Gotteshausen nicht einreisefähig. Die Zollbeamten fragten Immanuel, was das denn für eigenartige Narben an seinen beiden Handgelenken seien. Immanuel sagte. »Das sind Sühnezeichen.«

Man verstand sie nicht und winkte Immanuel und die Männer einfach durch. Glück gehabt! Und das in Gotteshausen! Ein Beamter wurde allerdings stutzig, als er die kleine Badewanne mit Erdreich auf dem Laufband sah.

Sofort stoppte er die Abfertigung, und aus allen Ecken tauchten blitzartig schwer bewaffnete Soldaten auf. Eduard bekam unter der Erde alles voll mit. Sein kleiner Stert, so nannten die norddeutschen Menschenkinder sein Schwänzchen, war für ihn wie der Blindenstock, über den er sich exakt darüber informierte, was hinter seinem Rücken alles passierte. Er wollte genau wissen, was da draußen los ist, und »kratz kratz«, war er oben ...

Als die Soldaten sahen, wie sich das Erdreich plötzlich von allen Seiten bewegte, warfen sie sich in Panik auf den Boden. Einige zielten auf die Wanne und Eddy sah direkt hinein und das Mündungsrohr einer nagelneuen Knarre mit dem schönen Namen Rafael. »*Rafael* bedeutet doch ›*Gott heilt!*‹ Was soll denn diese Gewalt?«, quiekte Eddy.

Krankenwagen rasten mit lautem Sirengeheul und Blaulicht herbei. Ihnen folgten Feuerwehr und ein Bombenräumkommando.

Eddy zitterte vor Angst und rief am laufenden Band: »SLALOMM, SLALOMM ... ich bin doch nur ein harmloser Gastmaulwurf!«

Die Soldaten aber hatten die Nase voll von unterirdischen Tunneln und Angreifern. Sie wollten keine neuen Einwanderer mehr mit Bombenterror. Ja, sie hatten in ihrem Land sogar eine große Mauer errichtet mit ferngesteuerten und automatischen Rafaels. Diese sollte die Gotteshausener vor unerwünschten Ureinwohnern des Landes und deren Terror schützen. Aber durch diese oft sehr ureinwohnerfeindliche und unmenschliche Politik erreichten sie zeitlebens nur das Gegenteil. Hier 'ne Bombe, da 'ne Bombe...

Eddy dachte: »Gleich bin ich in Himmelshausen. Ich beerdige mich am besten vorher selber!« und schwups war er blitzschnell am Badewannenstöpsel angekommen. Tiefer ging's nicht.

»Was ist denn nur in meiner zukünftigen Heimat los?«, fragte sich Jesus und die Beamten forderten die Bodyguards auf, die Wanne sofort vom Kofferlaufband auf den Boden zu stellen und sich dann schnellstens zu entfernen. Bombenspürhunde wurden telefonisch geordert und man dachte an eine sofortige Sprengung der Wanne.

Die Fernsehkameras liefen und übertrugen wieder alles live von CNN bis ALJAZEERA. Anna-Leena, die kleine Kirchenmaus, bekam es diesmal live in Rom mit und rannte schnell in den Petersdom zu einem Priester. Sie bat ihn um ein Gebet für ihren Eddy. Der Priester allerdings hatte kein offenes Ohr für Anna-Leenas Not und legte nur frischen Käse in die Mausefallen des Doms. Anna-Leena rettete sich ins Freie. Sie kannte diese Fallen von Kindheit an. Überall standen sie rum und warteten auf sie und ihre Mitmäuse. Von religiösem Zwang und Enge, die nicht zum Leben führte, wollte sie nichts wissen.

Noch immer heulten die Sirenen, und der kleine Erdhaufen wurde langsam wieder zu einem stattlichen Hügel. »So langsam konnte doch keine Bombe hochgehen«, dachten sich die Soldaten und begannen sich wieder zu entspannen.

Eduard streckte seine rechte Tatze ganz langsam aus dem halb fußballgroßen Hügel und winkte noch immer leicht zitternd. Danach kam die zweite ebenfalls ganz langsam hervor und die Menschen in der Ankunftshalle starrten gebannt zur Wanne. Langsam kam dann auch

noch der süße Maulwurfkopf heraus und Eddy rief, so laut er konnte: »SLALOM!«

Ein lautes Lachen erfüllte die Flughafenhalle und Immanuel lief, so schnell er konnte, zur Wanne. Er kannte das überzogene Handeln der Militärs aus eigener Erfahrung und wollte auf jeden Fall die Sprengung seines Freundes verhindern.

Und tatsächlich! Ein Soldat hielt Immanuel für einen Terroristen, verlor die Nerven und schoss dreimal auf Jesus. Die Kugeln verfehlten ihn zum Glück und er nahm Eduard schnell auf den Arm. »Eddy, das heißt nicht Slalom, das heißt Shalom!«

Eine tiefe Ruhe vertrieb die Panik in der Halle. Verfehlten die Kugeln wirklich ihr Ziel oder war dieser Mensch ohne Pass tatsächlich der einzige Mensch, der unfehlbar und nach seiner Auferstehung auch noch »unkaputtbar« war? Eddy war erleichtert. Die Soldaten entluden die Gewehre und Immanuel entschärfte die Lage weiter, indem er Eduard den Soldaten als sein persönliches »Steiftier mit Sprachfunktion« vorstellte. Die sonst so harten Männer streichelten Eduard vorsichtig und schüttelten dabei immer noch ungläubig ihre Köpfe. Hizak, der israelische Soldat, der ihn zu treffen versucht hatte, entschuldigte sich vielmals bei Immanuel. Das war selten in Israel. Denn viele Ureinwohner Palästinas waren bereits zuvor durch Waffengewalt umgekommen und warten bis heute auf ein herzliches »Shalom« und die Rückgabe ihres von der Landkarte verschwundenen Landes.

Zur Sicherheit musste Immanuel alias Jesus sich dann noch einmal in einen Ganzkörperscanner stellen. Dabei sah man an seiner Seite, rechts unterhalb der Brust, eine streichholzschachtelgroße Narbe. Auch an seinen Füßen und Handgelenken waren Einschusslöcher zu erkennen. Narben, die aussahen, als wären sie bereits verheilt, aber doch irgendwie immer noch ganz frisch wirkten.

»Die sind schon etwas älter! Das waren Soldaten aus Romanien. Ist schon lange her und längst verziehen«, sagte Immanuel mit lächelndem Gesicht.

Nach dem Scann durfte Jesus alias Immanuel wieder zurück zu seiner Reisegruppe. »Komisch«, dachten die Beamten, »irgendwie alles komisch ...«

Das Sprengkommando wurde abbestellt, denn in diesem Land wurde es fast an jeder Straßenecke gebraucht. So sah der traurige Alltag in Gotteshausen nun mal leider aus. Hätten sie doch nur das Land mit ihren Brüdern redlich geteilt. Vielleicht hätten sie dann endlich »SHALOM!«

Ein ganz pfiffiger Gotteshausener fragte Immanuel, als er wieder bei Eduard zurück war, ob er den Maulwurf als Steiftier nicht patentieren könne. Er wolle es weltweit vertreiben und sie alle am sicheren Gewinn beteiligen. »Schon wieder so ein Metallstückensammler«, seufzte Eddy und winkte dankend ab.

Als die Sicherheitsbeamten die große Limousine vor der Tür des Flughafens sahen, verstanden sie gar nichts mehr und zogen sich erstmal zu einer Beratung zurück. Die Kofferraumklappe öffnete sich ganz langsam. Die Wanne noch schnell hineingepackt und alle fuhren weiter nach Jerusalem. Jesus spürte, wie sein Puls langsam anstieg ...

Nach knapp einer Stunde kamen sie in Jerusalem an, der sogenannten Stadt des Friedens. Eduard machte den Vorschlag, dass Immanuel die Rolle des Reiseführers übernehmen sollte. Doch dieser meinte nur: »Unmöglich! Ich kenne mich hier nicht mehr aus. Alles hatte sich verändert. Die vielen Kirchen streiten sich um die historischen Plätze. Jeder will einen Zipfel von mir haben und die vielen Pilger glauben alles, was man ihnen von mir erzählt.«

Da ihr Flieger in Tel Aviv parkte, brauchten sie in Jerusalem eine Bleibe. Sie suchten eine Jugendherberge, selbstverständlich mit Sandkasten für Eddy.

Sie fanden in der Altstadt Jerusalems bei netten Palästinensern eine preiswerte Unterkunft und wurden sehr herzlich aufgenommen. Fadie, der zwölfjährige Sohn des Hauses, hatte sofort seine Freude an Eddy.

Jesus taten die Füße weh und Fadie ging mit ihm in die Altstadt, um ein Paar Schuhe zu besorgen. Natürlich die mit dem besonderen Absatz.

Als die Verkäuferin die Narben an seinen Füßen sah, weinte sie. Er zog die Schuhe an und bezahlte mit einem Kuss. Die Frau war eine arabische Christin und nun hatte sie ihren Herrn gesehen.

Fadie zeigte ihm noch ein paar Gassen und Winkel. Jesus kam das alles irgendwie bekannt vor …

»Wann spielen wir denn nun endlich das letzte Spiel, das Killerspiel Golgatha?«, fragte der Glatzkopf schon ganz unruhig. Eddy dachte nach und wollte das Spiel am liebsten gleich unten vor dem Tempelplatz spielen, damit es viele Leute sehen konnten. Golgatha live nach über 2000 Jahren, noch einmal in Jerusalem aufgeführt mit den Originaldarstellern und das alles ohne Eintritt oder Sammelbüchse, das war Eddys Traum.

Er wollte Jesus eine riesengroße Plattform geben. Denn irgendwie spürte der Maulwurf, dass Immanuel ein ganz besonderer unter den Menschenkindern war.

Er hatte auf seiner bisherigen Reise ja schon einige Arten dieser Spezies kennengelernt, aber so einen liebevollen Menschen hatte er bislang nur ein einziges Mal getroffen.

Immanuel winkte ab. »Der Tempelplatz ist zu gefährlich«, sagte er. »Unsere muslimischen Brüder würde das stören und ganz sicher auch die Juden. Vielleicht sollten wir es im Garten Gethsemane spielen.«

»Hauptsache, der Akku reicht«, meinte der Glatzkopf lachend. Das blutige Spektakel dauerte damals ja mehrere Stunden.

»Wir kriegen das schon hin!«, war Eddy überzeugt, »nur keine Panik!« Dabei dachte er für einen Moment an den Sänger, den er kurz im Kölner Dom getroffen hatte. Der Spruch ist nämlich bei Eddy hängen geblieben, und er wünschte sich, der Mann mit dem Hut wäre jetzt bei ihm.

Nachdem sie sich alle etwas frisch gemacht und einen Mocca aus syrischen Tassen geschlürft hatten, sprangen sie mit Fadie in die Riesenlimo und ab ging's.

»Hast du auch das Spiel mit?«, fragte der Glatzkopf noch mal seinen Kollegen Gary.

Leicht genervt antwortete der: »Roberto! Wie kannst du nur so unsensibel sein in der Gegenwart dessen, der damals die volle Wucht der Soldaten abbekommen hat und jetzt in geheimer Mission hier mitten unter uns ist?«

Immanuel bekam es mit, drehte sich zu Gary um und sagte lächelnd: »Er hat's ja nicht so gemeint, und wenn er gleich in dem neuen Raum ist, wird er beginnen zu verstehen, was ihm meine damalige Ermordung wirklich gebracht hat, und ganz bestimmt wird er danach ein anderer Mann sein!«

Der Glatzkopf war nämlich vor seinem Job bei Eddy ein sehr wilder und grober Mensch. Er war eine Zeit lang als Fremdenlegionär unterwegs gewesen und danach betrieb er ein Bordell in Manhattan. Davon wussten die anderen aber nichts. Nur Immanuel kannte seine Reisegefährten durch und durch. Keinem jedoch machte er irgendwelche Vorhaltungen wegen ihrer Vergangenheit oder ihres Verhaltens.

Die sauberste Weste allerdings hatte immer noch Eduard und dieser war schon ganz gespannt darauf zu erfahren, was sein neuer Freund aus dem Kölner Dom damals alles auf dem Hügel Golgatha erdulden musste.

Fadie, der Palästinenserjunge, kannte sich draußen vor der Stadt gut aus. Er zeigte den Männern den Weg zum Garten Gethsemane. Der Fahrer lenkte die schwere Limousine genau dahin, wo es für das Spiel gut zu sein schien. Der Garten lag direkt gegenüber von Jerusalem, auf einem kleinen Berg. Zwischen der Stadt des sogenannten Friedens und dem Garten erstreckte sich ein Tal. Das Wetter war genau richtig für das neue Skyprogramm. Es war ein Zusatzprogramm, mit dem man alles, was im Spiel geschah, an den Himmel wie auf eine Großleinwand beamen konnte.

Es war Samstag. »Sabbat«, nannten die Menschen ihn hier und fast jeder feierte diesen Tag mit Ruhe und Gelassenheit. Kaum einer arbeitete und über der Stadt lag deshalb eine fast himmlische Ruhe.

Die Männer setzten sich auf einen kleinen Vorsprung, der mit etwas Gras bewachsen war. Sie holten ihre Kartoffelchips und – wie es sich für Obamianer gehört – auch das Acoc-aloc-Getränk raus. Alle waren gespannt wie ein Flitzebogen. Roberto hatte das geklaute Buch aus dem Hotel mitgenommen, um zu sehen, ob sich die Kreuzigung und das ganze Drum und Dran tatsächlich so abgespielt hatte, wie es im Neuen Testament aufgeschrieben war. Er setzte sich ganz nach vorn und rief: »Gary, schmeiß den Beamer an!«

Als alle Männer einen guten Platz gefunden hatten, begann es zu regnen. »So ein Mist!«, rief Roberto. Der Regen verwandelte sich jedoch plötzlich in einen Nebel, der zwischendurch mit hellen Blitzen wie eine Bühnenshow erleuchtet und durchzuckt wurde. Sie waren schon mitten im Spiel und im Nebel erschienen plötzlich Buchstaben, die wie ein Laufband auf den Reklamewänden der Großstädte aussahen.

Eduard, der es sich zwischen den Bodyguards bequem gemacht hatte, konnte wegen der grellen Blitze nichts erkennen. Er wollte aber ganz genau wissen, was da stand. Roberto las ihm die Buchstabenfolge vor:

»GOLGATHA,
DAS LETZTE SPIEL!«

Auf der Himmelsleinwand über ihnen wurde es plötzlich dunkel und ein Wind, der mit feinen braunen Sandkörnern erfüllt war, durchwehte den Raum, der sich vor ihnen langsam auftat. Danach sah man Soldaten, die einen Mann mit einem hellen Gewand durch die engen Gassen einer alten Stadt vor sich hertrieben. »Cool!«, rief Roberto. Eddy wollte ihn zur Ruhe mahnen. »Lass ihn!«, sagte Immanuel milde und das Spiel ging weiter.

Die Soldaten trieben den Mann durch eine johlende Menschenmenge. Sie alle riefen: »Ans Kreuz mit ihm! Weg mit dem König der Juden! Wir haben nur einen König und das ist der Kaiser in Rom!«

Eduard dachte: »'nen Kaiser in Rom? Etwa den Laberfeld?«

Am Tag zuvor hatte man einen Kranz aus fingerlangen spitzen Dornen zu einer Lästerkrone geflochten und sie dem Verurteilten gefühllos und roh auf den Kopf gepresst. Er war nach seinem Verhör auch ausgepeitscht und mit Knüppeln und Stangen geschlagen worden. Seine Kumpels hatten sich fast alle aus dem Staub gemacht. »Wahrscheinlich hatten sie nicht die Schuhe mit dem speziellen Absatz dran!«, dachte sich Eduard.

Einige seiner Gegner hatten ihm sogar ins Gesicht gespuckt. Völlig am Ende seiner Kräfte, lief der Mann nun barfuß durch die Menschenmenge.

Andere Bürger der Stadt weinten. Viele wussten, dass er den Menschen immer nur Gutes getan hatte, und verstanden dies Urteil überhaupt nicht. Einer der Passanten nahm ihm den Balken, den er mit letzter Kraft auf seiner Schulter trug, liebevoll ab. »Ich helfe dir gern«, sagte er, »ich heiße Simon.« »Danke«, sagte der von Peitschenhieben bereits stark geschwächte und aus mehreren Kopfwunden stark blutende Mann, der übrigens haargenau wie Immanuel aussah.

»Da ist ja Roberto!«, rief Eddy. Einer der Soldaten sah wirklich aus wie Roberto, der nun zu seinen Bodyguards gehörte, und ein zweiter ähnelte dem Piloten. »Man, was ist das für ein cooles Spiel!«, rief der Glatzkopf. So etwas hatte die Welt noch nicht gesehen.

Was die Männer und Eddy aber nicht wussten, war, dass durch den Nebel, der zu Beginn des Spiels auftrat, sich alles gut sichtbar wie eine riesige Kinoleinwand über ganz Jerusalem gelegt hatte. Die Leute in der Stadt machten das Licht und die Fernseher in ihren Häusern aus und blickten stattdessen alle wie gebannt zum Himmel empor und verfolgten das unerwartete Ereignis wie einen Actionfilm. Zwischendurch hörte man hier und da ein Handy und ab und zu einen Hund bellen.

Plötzlich begann es fürchterlich zu stinken. »Was ist denn das?« Eddys feine Nase bekam alles siebenmal heftiger mit und Immanuel erklärte es den Männern: »Es ist der Gestank vom Hausmüll der Stadt.«

Der Berg, auf dem das letzte Spiel stattfand, war nämlich die Müllkippe der Stadt Jerusalem. Geier kreisten beständig über Golgatha. Die wiederum entsorgten den Abfall und manchmal auch mehr ...

Der Soldat, der in dem Film wie Roberto aussah, griff den Mann und drückte ihn mit grober Gewalt und ohne jegliches Mitgefühl zu Boden. »Leg dich auf den Rücken, König!«, schrie er in Romanisch und ein zweiter Soldat hielt in seinen Händen einen Lederbeutel. Darin befanden sich Nägel, ein Hammer und mehrere Stricke. Der Mann lag am Boden und blickte durch die über ihn kreisenden Vögel zum Mittagshimmel empor in die brütende Sonne und sagte leise: »Vater!«

»Ich bin nicht dein Vater!«, höhnte der Soldat und fesselte die Arme mit Stricken fest und stramm an den schweren Balken. »Kein Vater macht so etwas mit seinen Kindern. Du musst ja einen ganz besonders grausamen haben!«, ergänzte er lachend.

DANN SCHLUG ER EINEN DICKEN EISENNAGEL MIT
VOLLER WUCHT DURCH DEN LINKEN HANDWURZEL-
KNOCHEN TIEF IN DEN HOLZBALKEN, AUF DEN MAN
JESUS GELEGT HATTE, HINEIN.

Er nahm die Schmerzen ohne Worte in sich auf, zuckte am ganzen Körper zusammen und weinte. »An einem Arm kann man nicht so lange hängen!«, lästerte der Soldat, und schlug mit seinem Hammer genau so gefühllos am rechten Arm seines Erlösers einen zweiten Haltenagel in das harte Zedernholz. Jesus schrie auf!

Es passierte schon mal, dass einige der Gekreuzigten sich im Todeskampf von den Nägeln losgerissen hatten. Man stelle sich besser nicht vor, was dann dabei mit den an den Füßen festgenagelten Körpern geschah. Deshalb band man ihnen die Arme vor der grausamen Annagelung zusätzlich fest. Es war eng und fürchterlich *endlich*. Keiner der so Hingerichteten kam mit dem Leben davon. Auch nicht Jesus.

»War es wirklich so?«, fragte Eduard mit zitternder Stimme?« »Ja«, sagte er, »aber es kommt noch schlimmer. Wenn du nicht mehr kannst, dann schau einfach weg oder buddle dich ein!« Auch Immanuel konnte sich an alles genau erinnern, und obwohl es nun schon viele Jahre her war, kannte er jeden Schmerz und jede Beleidigung, der er sich damals im besten Mannesalter freiwillig unterwarf.

»Ne, ich kann noch«, sagte Eddy zaghaft, »du bist ja bei mir.« Eduard kuschelte sich trotzdem ganz eng bei Immanuel ein. Die Soldaten hatten bereits zwei andere Männer vor Jesus gekreuzigt und er wusste deshalb nur zu genau, was ihm als Nächstes bevorstand. Die Mörder und Verbrecher hingen, mit dem Querbalken aufgerichtet, an einem in den Berg gerammten Pfahl und stöhnten laut und ohne Hilfe vor Schmerzen. Die einzige Hilfe war der Tod. Doch der ließ oft Tage auf sich warten.

Zur Betäubung reichte man den Gekreuzigten einen stinkenden Schwamm an einem Stock. Daraus saugten sie dann eine bittere Brühe. Jesus hörte die Männer öfters nach dieser Brühe rufen. Ihre Schmerzen blieben unerträglich. Und Jesus fühlte sie alle mit. Unvorstellbares Geschrei und Todespanik beherrschten diesen Ort draußen vor der Stadt. Eltern verboten ihren Kindern strengstens, sich auch nur in der Nähe Golgathas aufzuhalten.

»Mach das Spiel aus!«, rief einer der Bodyguards. »Bloß nicht!«, erwiderte der Glatzkopf, »wenn es dir zu viel wird, dann geh doch in die Limousine und hör Nachrichten! Aber die sind auch nicht viel besser. Guck dir doch an, was der Herr Bush im Irak verbrochen hat. Er hätte mal auf den Papst hören sollen!« Immanuel nickte …

Plötzlich kam ein weißgefiederter Vogel zu den Männern und setzte sich auf die Schulter von Immanuel. Es war eine Taube. Immanuel freute sich und sagte zu Eddy: »Siehst du die Taube?« »Ja«, sagte Eddy. »Ohne sie hätte ich es damals nicht geschafft.« »Aber warum hast du dich denn nicht gewehrt?«, fragte Eddy. »Ich habe dies alles zum Heil der Menschen mit mir geschehen lassen. Keiner hatte die Macht über mich und hätte mich mit Gewalt töten können. Ich habe die Gewalt an und mit mir geschehen lassen.« Eddy nickte, verstand es zwar nicht und sagte mit dem letzten Rest seines Mutes: »Ein bisschen kann ich noch!«

Der senkrechte Holzpfahl war für Jesus bereits im felsigen Boden des Hügels Golgatha eingerammt. Er stand wie ein Marterpfahl wartend da und zeigte mit einem Ende wie ein Wegweiser mahnend zum Himmel.

Damit der Todeskampf möglichst lange dauerte, hatten die Henker an den meisten Pfählen auf Sitzhöhe eine Stütze befestigt. Die Leidenden suchten, um nicht sofort elendig zu ersticken, verzweifelt darauf Halt. Und das war teuflisch. Unvorstellbar waren die Schmerzen. Saßen sie drauf, dauerte das Sterben oft Tage. Rutschten sie ab, erstickten sie elend. Wer sich diese Tötungsart ausgedacht hatte, musste wirklich vom Bösen besessen gewesen sein.

Keiner der Gehängten wusste also genau, wann der erlösende Tod endlich eintrat. Das hing nicht zuletzt davon ab, wie geschwächt die Gekreuzigten schon durch die vorangegangene Auspeitschung waren. Manche hatten auch noch eine zweite Stütze unter ihren Füßen.

Die Soldaten ließen sich gern den diabolischen »Gnadenstuhl« – so nannten sie spöttisch die schmerzhafte Verlängerung und auch die Verkürzung des Todeskampfes – von den Verwandten der zu kreuzigenden Menschen bezahlen. Durch das brutale Zerschlagen der Unterschenkel trat der Tod schneller ein. Da war dann kein Halt mehr auf dem »Gnadenstuhl« und auf der Fußstütze möglich. Die Soldaten verschafften sich so – neben ihrem kärglichem Sold, genau wie manche Politiker heute, zu ihren Diäten – ein kleines Zubrot, für ihre Familien daheim im teuren Rom. Auch Maria hätte für ihren Sohn sicherlich jegliche Erleichterung gezahlt. Ja, sie wäre, wenn es denn was genützt hätte, auch für ihn in den Tod gegangen. Aber sie zahlte ganz anders. Sie war seine lebendige Stütze unter dem Kreuz ihres Sohnes und Erlösers. Wie eine Henne sich schützend über ihre Kücken bei einem Feuer setzt und dabei selber verbrennt, so umgab sie nun Jesus im Feuer seines Leidens. Mit ihrer unendlichen Mutterliebe stand sie ihm helfend bis zum letzten Atemzug bei.

Ein hoher Festtag für die Gotteshausener stand am anderen Tag bevor. Und wegen dieses Feiertages durften keine Sterbenden mehr auf dem Hügel herumhängen. Das Leid wurde schnell abgehängt und die religiöse Maske musste sauber sein. Man ordnete deshalb das Zerschlagen der Beine an.

Um ganz sicher zu sein, ob die so Getöteten wirklich alles Leben aus sich heraus verloren hatten, spießte man ihnen abschließend mit einer Lanze in den Oberbauch. Da floss meist Wasser und Blut aus ihren gemarterten Leibern, und erst dann hatten die knallharten Hampelmänner des Kaisers in Rom Feierabend. Die Körper verwesten meist völlig am Kreuz. Jeder Schwerverbrecher, Aufrührer oder weggelaufene Soldat landete schlimmstenfalls an einem solchen todsicheren Pfahl.

Doch dieser Mann, der nun als Nächster an ihm hochgezogen werden sollte, hatte nichts getan. Schon gar nichts, was diesen grausamen Tod verdient hätte. Und überhaupt, war die Todesstrafe eine gruselige Erfindung der Menschen. Einige beriefen sich dabei sogar auf Gott. »Kein liebender Gott – weder im Himmel noch auf Erden – tötet seine eigenen Kinder!« sagte Eddy zu Immanuel. »Recht haste!« sagte dieser.

Jesus selbst war ein Unschuldslamm. So wie Eduard übrigens auch. Doch das »Letzte Spiel« ging weiter ...

Jesus hatte bereits in den Stunden zuvor bei seiner Auspeitschung viel Blut verloren und war deshalb schon körperlich sehr schwach geworden. Doch seine Liebe war ungebrochen.

»So, Herr König, jetzt geht's ab auf deinen Thron!«, spotteten die Soldaten und die Bürger Jerusalems, die an der Müllkippe standen, klatschten laut. »Jetzt soll ihm doch sein Gott helfen«, schrien sie. »Wenn er sein Sohn ist, soll er doch einfach ein Wunder tun und sich selbst vom Kreuz befreien!«, rief ein alter Priester.

»Sogar die Priester waren damals gegen dich?«, fragte Eddy Immanuel völlig erstaunt. »Ja, auch da sind immer einige dabei, die nicht ganz sauber sind«, antwortete Jesus mit traurigem Blick. »Sie meinen mich zu kennen und ganz genau zu wissen, wo es langgeht, und so führen sie die Menschen und sich selber in die Irre. Einige gehen auch heute noch achtlos an meinem Kreuz vorbei. Sie schaffen mir und sich selbst dabei bis heute viele neue und vor allen Dingen unnötige Kreuze. Ich war Jude und wurde vergast. Ich war Kind und wurde missbraucht. Ich war Arbeitnehmer und wurde verbraucht. Ich war Frau und wurde unterdrückt. Ich war Gott und wurde missglaubt. Ich war schwul und wurde verachtet. Ich gehöre bis heute für viele zum Alltag, wie ihr Morgenkaffee, obwohl ich der Schöpfer ihrer Zunge bin, mit der sie das Aroma jedes Schlucks erleben. Aber was soll ich denn machen? Kann ich sie denn zum Vertrauen und zur Liebe zwingen? Nein, Eddy! Vertrauen ist Liebe, und Liebe vertraut. Menschen, die aus Mitgefühl und Liebe zu mir stehen und genau hinschauen, so wie du, die suche ich. Solche Nachfolger braucht unsere Welt. Egal, ob Christen, Buddhisten, Hindus, Juden oder Moslems. Die Liebe macht den Unterschied. Ich gehöre allen!«

»Hau Ruck! Hau Ruck! Hau Ruck!«

Vier Soldaten zogen den an Seilen festgebundenen Querbalken und den daran Festgenagelten über einen mit Tierfett getränkten alten Stofflappen hoch. Den hatten sie als Gleithilfe oben am Ende des senkrechten Pfahls befestigt. Die Beine und der Körper des Gehängten hingen für Minuten zwischen Himmel und Erde und jede Bewegung löste Höllenqualen aus. Jesus hing still wie ein Lamm. Völlig wehrlos ließ er das Geschehen zu.

Zwei Soldaten befestigten anschließend die Seilenden unten am Pfahl und es soll auch vorgekommen sein, dass sich die Seile in ihren Händen lösten. Wenn das passierte, sauste der am Querbalken hängende Mensch wieder zu Boden. Die »Inthronisierung« wiederholte sich dann und war für den Verurteilten schmerzhafter als beim ersten Versuch.

Einige Soldaten machten sogar ein Spiel daraus. Es kam dabei immer auf den Hauptmann an. Der eine duldete es, der andere nicht. Der heute Dienst hatte, war schon älter und achtete darauf, dass seine Soldaten es nicht allzu sehr übertrieben.

Jesus hing immer noch in der Luft. Und er wusste genau, was als Nächstes kam. Er legte seine Füße bereitwillig in die groben Hände der Soldaten. Das war nicht immer so, denn einige der zu Tode Verurteilten traten manchmal nach ihren Peinigern und wehrten sich mit letzter Kraft. Doch dieser Mann tat es nicht. Wie ein Lamm, das zur Schlachtbank geführt wird und vor seinem Scherer verstummt, so verhielt sich der, der heute als der Letzte drankam. Und das wunderte die Soldaten und den Hauptmann schon sehr.

»Ist er vielleicht doch der Sohn Gottes?« Solche und ähnliche Gedanken gingen dem Hauptmann zeitweilig durch den Kopf. Und was wäre, wenn?

Plötzlich spürte Jesus einen dumpfen Schmerz in seinen beiden Füßen, der pfeilschnell durch die Beine bis in seinen Rücken hochschoss und ihn beinahe wahnsinnig gemacht hätte. Er blickte auf und wimmerte vor Schmerzen. Blut floss aus seinen Handgelenken und Füßen. Es berührte den Holzstamm und rann an ihm herab. Die Erde nahm es in sich auf und wurde still erlöst. Das Blut des Unschuldigen beglich den Schuldschein aller, die jemals über diese Erde gegangen waren, gehen und noch gehen werden. Alles ist bezahlt. Gott selber hatte Hand angelegt und die Erde mit sich versöhnt.

»Das war's für heute!«, rief einer der Soldaten, »den Rest überlassen wir den Hunden und Vögeln!«

Die streunenden Hunde kamen nämlich nachts gern nach Golgatha, und weil die Kreuze nicht allzu hoch waren, wurde so mancher Hund auf diesem Hügel fett und satt. Niemand verscheuchte sie. Die Sterbenden konnten es nicht und an ihr Schreien hatten die armen Köter sich längst gewöhnt. So zu enden, war wirklich ein Fluch.

 »Ach komm, trink noch einen!«, sagte ein anderer Soldat und tauchte den Stock mit dem Schwamm tief in die bittergrüne, stinkende Brühe, die in einem Blecheimer unten am Fuß des Kreuzes stand und meterweit ekelig roch. Es war dieselbe übelschmeckende Mischung aus Galle, Wasser und Essig, nach der die anderen Gekreuzigten immer wieder verlangt hatten. Rufus hieß der Soldat, und er reichte den tropfenden Schwamm zum Mund des Erlösers.

Doch Jesus trank nicht! Er bewegte seinen Kopf mit dem Dornengeflecht zur Seite und schaute durch sein blutverklebtes Haar zu einer Frau, die unter dem Kreuz stand und bitterlich weinte. Es war seine Mutter. Sie war jetzt 33 Jahre älter als im ersten Spiel und immer noch sehr schön. In ihrem Gesicht spiegelten sich seine Schmerzen wider. Ein Mann mit namens Johannes, er war der Lieblingsschüler von Jesus, stand ihr tröstend zur Seite.

»Na, dann eben ohne Erleichterungsmilch!«, lachte Rufus hämisch, nahm das Gewand des über ihn nach Luft ringenden Mannes und setzte sich mitten in die Gruppe um Eddy und Immanuel. Er sah tatsächlich aus wie Roberto.

Für Eduard wurde es alles zu viel und er verbuddelte sich für einen Moment. Er brauchte eine Erdung, denn er verstand die Welt nicht mehr.

Warum waren Menschen nur so grausam? Während er sich durch die warme Erde Jerusalems wühlte, tauchte er nach einigen Metern aus sehr hartem Boden wieder auf. Direkt vor ihm stand die Frau, die er bei dem ersten Spiel schon einmal gesehen hatte. Eddy erkannte sie wieder. Er ließ sich von ihr auf den Arm nehmen und bekam so unter der Brust einer Mutter alles Weitere mit.

»Johannes«, rief Jesus mit letzter Kraft vom Kreuz herab, »kümmere dich um meine Mutter! Ab heute ist sie auch deine. Und Maria: Johannes ist ab jetzt auch dein Sohn. Du wirst noch viele Söhne und Töchter bekommen, denn wenn ich das hier gleich hinter mich gebracht habe, wirst du die Mutter der Kirche sein. Unsere Leiden sind nicht umsonst, glaub mir! Die ganze Welt kaufe und schenke ich unserem liebenden Vater heute zurück. Auch Roberto und alle anderen Robertos, die noch nicht wissen, was sie tun.«

Jesus sah für einen Moment die gesamte Menschenfamilie vor sich. Eine Schar, die niemand zählen konnte. Vom ersten bis zum letzten Menschenkind. Alles lief wie in einem Film vor ihm ab. Er sah Mörder, Priester, Huren, Diebe, Lügner, Erzieher, Banker, Jesuiten, Benediktiner, Präsidenten, Päpste, Bettler, Bischöfinnen, Diakonissen, Soldaten, Lehrer, Politiker, Arbeitslose, hungernde und nach Vergnügen süchtige Menschen, die sich alle wie in einem Strudel befanden. Er sah sie vor seinem inneren Auge vorbeiziehen. Mehr Arme als Reiche. Gandhi, Mohammed, Buddha, den behüteten Sänger aus Pepitaland, Ninchen, Jimi, John, Paul, George & Ringo, Barbara, Angela, Osama, Mrs. Meyer, Kinder mit und ohne Namen, Familien und Einsame. Menschen ohne Ende aller Hautfarben und aller Religionen. Jeden, dich und mich & Ich & Ich.

Zu allen spürte er in sich eine tiefe, unbeschreibliche Liebe. Er war unter dem Herzen Mariens und im Stall von Bethlehem einer von ihnen geworden, allerdings ohne eigene Schuld auf sich geladen zu haben. Als Unschuldiger war er allein in der Lage, alles, was Menschen in ihrem Leben in Unkenntnis, aus Verzweiflung oder auch mit Absicht an Bösem getan hatten, bleibend wiedergutzumachen. Er wusste, dass jeder dieser Menschen für sich einen Weg nach Himmelshausen sucht. Einen Weg, auf dem man ohne Schuld und Angst vor der eigenen Vergänglichkeit dem Ewigen mit Hoffnung entgegentreten kann.

Jesus spürte in diesem Film die Sünde der ganzen Welt bereits in jeder Zelle seines Körpers. Sie war hart und angekommen und der, der ohne Sünde war, wurde jetzt für alle zur Sünde gemacht. Er konnte sich durch die Stricke und Nägel nicht mehr aus der Weltschuld herausbewegen. Und er wollte es auch nicht. Im Gegenteil! Er war bereit, sie ein für alle Mal zu tilgen und mit seinem Blut bleibend zu entkräften. Schuld, die nicht mehr quält, ist plötzlich harmlos. Auch dem ewigen Tod wollte er mit seinem Sterben die grausame Hoffnungslosigkeit nehmen. Tod, wo ist dein Stachel? Hölle, wo ist dein Sieg? Er spürte diesen Stachel stellvertretend für alle und brach ihm am Kreuz endgültig die Spitze.

Jesus sah seine leidende Mutter vor sich und spürte ihre warmherzige Liebe. Sie war in diesem Augenblick stärker denn je. Von Kindesbeinen hatte sie ihn begleitet. Ihm die schönsten Gewänder und Schuhe gemacht. Mit ihm gespielt und in die Thora seines Volkes eingeführt. Mit ihm gelacht und geweint. Eine Mutter wie viele. Und doch einzigartig. Eine besondere Frau unter den Frauen. Auch die Liebe seines Freundes Johannes tat ihm gut. Er sog sie statt der betäubenden Brühe mit jedem Blick atmend in sich auf und so stärkte er sich mitten in den Schmerzen seines Kreuzes.

Eduard zupfte zart an Marias Kleid und fragte sie: »Warum?« Sie nahm Eddy auf den Arm und zeigte ihm die hinter ihr liegende Stadt Jerusalem. »Darum!«, sagte sie! »Er ist ihr König, und ich habe ihn damals unter Schmerzen für sein Volk geboren, und nun schenke ich ihn der ganzen Welt!«

Es wurde noch dunkler über Golgatha und ein plötzlich erschallender lauter Donnerschlag erschrak die Anwesenden. Jesus rief laut in den Aushall des Donners hinein: »Mein Gott, mein Gott! Warum hast du mich verlassen?« Dann hörte Eduard ihn noch sagen: »Es ist geschafft!«

Eddy blickte mit Maria schnell noch einmal hoch in seinen letzten Augenblick und sah in diesem Moment noch einmal dasselbe Lächeln auf seinem Gesicht wie kürzlich im Kölner Dom. So hatte er ihn kennengelernt.

Dann fiel sein Kopf nach vorn und Jesus ließ seinen leblosen, zerschundenen Körper am Kreuz als freiwilliges Menschenopfer zurück. Seinen Geist legte er in die Hände seines Vaters.

Ganz Jerusalem erschrak, und der Nebel verschwand vor ihren Augen. Das letzte Spiel war aus.

Eddy und die Männer waren wie gelähmt. Kein Wort war zu hören. Man hätte die Stille fast in Stücke schneiden können. So spürbar erfüllte sie den Ort, wo Eddy und seine Freunde saßen. Nur eine Grille zirpte in diese Totenstille hinein.

Roberto stand zögernd auf und ging zu Immanuel. Er legte seine beiden Hände auf dessen Schultern und kam nicht mehr los von ihm. »Meine Schuld ist weg!«, sagte er mit salzigem Geschmack auf seinen Lippen. Und er weinte selten. »Alles fühlt sich so leicht an, und ICH weiß, du hast sie getilgt! Wie einen Nebel! Deshalb will ich ab sofort einer von denen sein, die diesen Film weitersagen. Weltweit!« Immanuel blickte ihn lange an und sagte: »Mach das, Roberto, mach das! Meine Mutter und ich helfen dir dabei.«

Die Stille war immer noch greifbar und Eddys Fell war ganz nass von Marias und Immanuels Tränen. Es duftete nach Himmelshausen und seine kleinen Augen funkelten wie Sterne. Immanuel sagte mit einem Kloß im Hals: »Puh, das möchte ich aber auch nicht noch einmal erleben. Es war ganz schön hart!« Alle nickten.

»Das Leben geht aber auch vor dem Horizont weiter!«, sagte Eduard und begann plötzlich auf dem kargen Rasen vor allen herumzutollen. Er tanzte sich den Schock so aus seinen Knochen. Der Duft allerdings blieb ...

Als Charlie das Auto für die Fahrt zum Flieger startklar hatte, wollte Jesus noch einmal zum nahegelegenen Ölberg fahren. Ohne Worte und tief bewegt von dem, was sie im letzten Spiel gesehen und erlebt hatten, stiegen alle in die Limousine. Fadie und Eddy saßen neben Jesus und schauten ihn wortlos an. Eddy flüsterte Fadie ins Ohr: »Er hat das 1. Gebot immer gehalten!« Fadie nickte und meinte: »Maria aber auch!«

ABFLUG NACH HIMMELSHAUSEN

Ich gehe jetzt zu meinem Vater«, sagte Immanuel, »und du, lieber Eddy, solltest das auch tun. Dein Vater in Rom ist schon sehr alt und möchte dich gern noch einmal sehen, bevor er zu seiner Frieda nach Himmelshausen aufbricht. Außerdem ist der Boden hier in Gotteshausen für dich viel zu hart. Du kennst ja nun den Weg nach Himmelshausen. Ich bin dein Weg. Auch Gisela möchte dich gern wiedersehen. Und dann hab ich noch eine Überraschung für dich! Die kleine Kirchenmaus mit den großen Lauschohren möchte gerne deine Frau werden. Was hältst du denn davon?«

»Immer schön locker bleiben«, antwortete Eduard. »Sie ist doch eine Maus und ich ein Maulwurf. Wie soll das denn gehen?« »Passt schon!«, sagte Jesus. »Passt schon!«

Der Ölberg nahte und die Limousine rollte leise aus. Immanuel öffnete die Tür und alle folgten ihm lautlos. Er drückte jeden noch einmal fest an seine Brust. Dabei spürten sie wieder seinen Herzschlag und nahmen ihn tief in sich auf.

Charlie, der Chauffeur! Roberto, der Mann, der doch noch lieben lernte! James, der nette und zuverlässige Pilot! Gary, der verrückte Computerfreak! John, der Frühstücksdirektor! Maik, der stille Schwarze! Leonhard, der Mann mit Weit- und Tiefsicht! Ronald, der fleißige Mann mit Güte, Einsicht und Geduld. Fadie, der flinke und hilfreiche Palästinenserboy, der immer noch unter den »Besatzern« seines Landes litt! Sie alle hatte »Das Letzte Spiel« tief und bleibend berührt. Er schaute allen in die Augen, Eduard besonders lange, und sagte: »Ich geh jetzt zu meinem und eurem Vater nach Himmelshausen und wir sind immer bei euch. Egal, wo ihr auch seid. Immer!« Sein Blick war voller Liebe, so dass sie alle Angst vor Gott, Himmel und Hölle für immer verloren. Sie freuten sich auf jeden neuen Tag und auf Himmelshausen ... Auch die Schuldfrage war gelöst.

Plötzlich entschwand Jesus vor ihren Augen und seine neuen Schuhe, mit den besonderen Absätzen, fielen schwebend auf die Männer und

Eddy herab. Roberto streckte seine Arme verlangend nach ihnen aus, fing sie auf und sagte: »Das hat er doch extra gemacht!«

Eddy meinte: »In Himmelshausen braucht man die nicht!« Roberto schlüpfte sofort in sie hinein, diesmal allerdings nicht einfach so zum Andenken. Sie tragen ihn bis heute und komischerweise werden sie nicht alt.

Eddy hatte alles verstanden. Er dachte noch ein wenig darüber nach, was die Himmelsbürger wohl zu ihrem König in Jeans sagen würden. Aber vielleicht würden sie das ja auch ganz maulwurfslocker sehen … Er erinnerte sich an das, was seine Mutter Frieda Kratzfuss ihm im ersten Spiel geraten hatte: »Höre auf das, was Immanuel dir sagt!«

Und so verabschiedeten Eduard und die Männer sich von Fadie, der wieder zu seiner palästinensischen Mutter zurückging. Sie tauschten noch ihre Telefonnummern aus und die Limo glitt langsam vom Ölberg Richtung Airport in Tel Aviv. Die Düsen des Fliegers waren bereits vorgewärmt. Diesmal ging es am Zoll etwas schneller und ohne Probleme. Eddy freute sich immer mehr auf Anna-Leena und landete noch in derselben Nacht mit seiner bunten Wanne, gefüllt mit Kölscher Erde, und der Air Force Two heil in Romanien.

Zurück im Heimatboden

In Rom hatte sich nicht viel verändert. Als Paul und Gisela die große schwarze Limousine sahen, verstanden sie ihre kleine Welt nicht mehr. Eddy stieg aus. Sein Vater war außer sich vor Freude. Gisela zog ihr neustes Kleid an. Endlich hatten sie ihren lang ersehnten Eddy wieder.

Anna-Leena und ihr heimliches Herzblatt waren sich schnell einig. Eigentlich waren sie schon immer ein Paar. Sie fackelten nicht lange und bereiteten eine große Hochzeit vor. Der verliebte Kratzfuss hatte bereits auf dem Rückflug nach Romanien telefonisch eine ganze Etage in der Residenza San Paolo, einem Superhotel direkt neben dem Petersdom, für seine Hochzeit reserviert. Dort brachte man ihm als Erstes eine Riesenportion Hostienreste aus Schwester Itunas Hostienbäckerei. Diese Leibspeise hatte er ja sooo lange vermisst.

Bei dem Schmaus zeigte er seinen Gästen stolz das Buch von Monsignore Lappschwader und dem mutigen Kardinal aus Köln. Besonders die Stelle, in der das Maulwurfessverbot stand, erfreute die ganze Familie Kratzfuss.

»Tja«, sagte der alte Paul, »wenn die Menschen sich nur daran halten würden ...!«

EDUARD LIESS ES FÜR EINEN MOMENT
ROTE ROSEN REGNEN UND ANNA-LEENA
FIEL VOR GLÜCK FAST IN OHNMACHT.
SIE HATTEN BEIDE SO VIEL LIEBESGETWITTER
IM BAUCH UND KONNTEN ES KAUM ERWARTEN,
SICH MIT IHRER LIEBE ZU BEGLÜCKEN.

HOCHZEIT IM VATIKAN

Eddy hatte alle seine Freunde und Bekannten nach Rom geladen. Die Kirche war gerammelt voll. Alle waren sie gekommen: geprügelte Hunde, bunte Vögel, hohe, arme Schweine, Schweinehunde, Angsthasen, Esel, Ziegen, Schlangen, Stinktiere, Elefanten, Steiftiere, Pleitegeier, Giraffen, Erdmännchen, Eulen, Meisen, Eichhörnchen, Schild- und andere Kröten und überhaupt die ganze Arche Noah! Der Fuchs hatte seinen besonderen Ehrenplatz auf Eddys Hochzeit. Und der Dachs saß wie immer neben ihm und hielt seinen Hut. Bedächtig stand der Fuchs, ohne dass er es vorher angekündigt hatte, auf und würdigte in seiner Ansprache Eduards mutige Tat im Kölner Dom. Er sagte: »Eddy, vor dir zieh ich meinen Hut! Du hast der Welt den Mann vom Kreuz verständlicher gemacht. Ich sehe darin eine geniale Leistung und ich danke dir im Namen meiner ganzen sizilianischen Verwandtschaft. Der Fuchs lädt dich und deine liebe Frau herzlich zu sich nach Hamburg ein. Und bleib mir ja der Kirchenmaus treu!«

Eddy schmunzelte und nannte Anna-Leena zärtlich: »Meine süße kleine Lauschmaus«. Wenn die beiden sich küssten, blieben die Zeiger der Vatikanuhr stehen und verneigten sich auf dem Zifferblatt vor der grandiosen Liebe dieses Paares. Und die Zeiger blieben oft stehen. So oft, dass die Leute in Rom fast jeden Tag zu spät zur Arbeit kamen ...

Ein Kardinal bot ihnen bei der anschließenden Kaffeetafel im Namen des Papstes die Ehrenbürgerschaft des Vatikans an. Eduard bedankte sich höflich und bat ihn in dieser Angelegenheit um etwas Bedenkzeit. Er hatte zwar schon vieles vom Heiligen Vater gehört und wusste auch, dass er gern weltweit falsch verstanden wird. Eddy kannte den Papst noch nicht persönlich. Und darauf legte er stets Wert. Eddy war eben kein Mitläufer, sondern machte sich immer gern selber ein Bild von den Menschen. Und der Papst war auch nur einer davon. Seine genauen Eigenschaften wollte er in den nächsten Monaten gern genauer studieren.

Anna-Leena wartete sehnsüchtig auf Eddys Erzählungen. Endlich konnte er ihr auch erklären, warum die Menschen so oft in die Beichtstühle gehen. Sie hatten nämlich das »Letzte Spiel« verstanden und wussten um die Gnade, die ihnen in einer aufrichtigen Beichte vom Priester an Christi statt vermittelt wurde.

Als er Anna-Leena »Das Letzte Spiel« erklärt hatte, verstand sie zum ersten Mal den festgenagelten Mann im Petersdom. »Wollen wir den auch abmachen?«, fragte sie blinzelnd. »Ne«, sagte Eduard, »einmal ist genug. Der Echte ist ja ab und frei. Und außerdem mag er keine Doppelgänger, sondern liebt nur Originale. Welche mit echten »Ich's«, verstehste?« »So wie du?«, fragte sie. »Ja«, antwortete er. »Wie du und ich. Jeder in seiner Art, so wie Herman Hesse es auch geliebt hat.

»Wen du alles kennst, Schatzi!«, rief Anna-Leena ganz entzückt. »Ja, musste mal lesen!«, erwiderte Eddy. »Siddharta, Steppenwolf, Narziß und Goldmund, Unterm Rad. Der hat »Das Letzte Spiel« auch gut verstanden. Nur manchmal hat er es sich unnötig schwer gemacht. Der gute alte Hesse, ein Anwalt des Gewissens und Liebhaber des Individuellen. Aber das lag wohl an seiner gruseligen Kindheit. Die Mutter war nämlich überfromm und der Vater litt auch darunter. Anna-Leena, das darf uns später nicht passieren!«

Nach den Hochzeitsfeierlichkeiten, an denen sogar der Papst per Videoschaltung aus Puerto Rico seine große Freude hatte und die übrigens drei Wochen bei bestem Wetter in den vatikanischen Gärten andauerten, mussten die Gärtner mit vielen halb fußballgroßen Erdhaufen leben lernen. Sie fuhren neuerdings mit ihren Rasenmähern um die halb fussballgroßen Haufen herum und beseitigten sie auch nicht. Familie Kratzfuss war überglücklich. Endlich hatte man ihre Art (an)erkannt.

Die acht Obamianer flogen nach einiger Zeit wieder zurück in ihr Land. Zu ihrer Verabschiedung gab Eddy allen noch ein Gedicht aus seiner Feder mit auf den Weg. Er ließ es sogar auf Pergament drucken und las es ihnen leise, mit tränenerstickter Stimme draußen auf dem Petersplatz zur Verabschiedung vor:

VOM GLÜCK!

Sobald du etwas haben willst,
für dich, für dich allein,
so stellt in diesem Augenblick
das Leid sich bei dir ein.

Erst wenn du nichts mehr haben willst
für dich in weiter Welt,
dann schwindet jedes Leid dahin,
das dich gefangen hält.

Lass los, lass los!
Erst dann kann es gelingen.
Dann wird das Glück von selbst
in dir die schönsten Lieder singen.

Der Hubschrauber des Papstes brachte Eddys Freunde zum Airport. Dort wartete die bereits aufgetankte Air Force Two, denn die Düsen seines Fliegers, sie wurden niemals kalt. Doch diesmal düsten sie ohne Eddy zurück. Die Limousine blieb in der Tiefgarage des Papstes eingeparkt und nach neun Stunden Flugzeit landete der verwandelte Männergesangsverein ohne Eddy in Washington. Als Hochzeitsgeschenk hatten die Männer den Brautleuten das verbotene Computerspiel »YESTERDAY NOW« überreicht. Eddy nahm es mit großer Freude entgegen und beamte sich durch die Weltgeschichte.

In Obamien gab es allerdings einen anderen Präsidenten und Eddy wunderte sich, warum er keinen Anschluss mehr mit seinem BlackBerry zum Oval Office bekam. Die Welt wurde dunkler. Die Armut vermehrte sich auf der ganzen Erde. Selbst der Wurststand mit seinen Artgenossen in Rom ging pleite. Viele Länder kriselten vor sich hin. Nur dem Vatikan ging es gut ... Komisch!

Sonderwühlrechte
beim Papst

Eduard und sein ganzer »Clan« bekam sogar von oberster Stelle lebenslanges Sonderwühlrecht im Vatikan. Da gab es ja Würmer genug und sein neuer Wohnsitz wurde die Ausgangsbasis für viele neue Abenteuer. Er rief jeden seiner Freunde fast täglich an und hielt sie und sich so auf dem Laufenden. Die ihm angebotene Ehrenbürgerschaft wollte er gern an alle Bettler Roms abtreten. Nun bat der Vatikan seinerseits um Bedenkzeit. Eddys Fell duftete bleibend nach den Tränen Mariens und ihres Sohnes. Sie waren Eddy im »Letzten Spiel« sehr tief unter die Haut gegangen. Außerdem trug er immer noch den Splitter vom Kreuz im Kölner Dom in seiner Hand.

Der Papst fand diesen Geruch äußerst angenehm und konnte es kaum erwarten, sich von Zeit zu Zeit mit Eddy und Anna-Leena zu treffen.Er schnupperte dann gern an Eddys Fell, ließ sich den Splitter in seiner Hand zeigen und mochte besonders die »Lockerungsübungen« mit Eddy und Anna-Leena.

Dazu traf er sich mit dem Ehepaar Kratzfuss am liebsten in seinem großen vatikanischen Garten. Wenn es regnete, nutzen sie die »überdachten« Terrassen des Heiligen Stuhls. Diese Übungen taten seiner Heiligkeit auf Dauer sehr gut. Die Kirchenmaus gab den Takt an und Eddy brachte ihm eines Tages auch ein Paar von diesen besonderen sizilianischen Schuhen mit. Seine »päpstliche Beweglichkeit« nahm zu und schnell sprachen sich die Erfolge hinter den hohen Mauern und in ganz Romanien herum. Immer mehr Kurienleute, Priester, Diakone, Laien und Bischöfe, ja sogar die Schweizer Garde, gesellten sich mit der Zeit dazu. Es wurde immer bunter und fröhlicher im Club der schwarzen Schafe. Alle hatten sich selber und den Nächsten lieb. Keiner herrschte mehr über den anderen. Selbst Gott hatte wieder seine helle Freude an seiner Kirche und schenkte dem Kölner Dom eine neue Christusfigur. Die hängt da bis heute zur Besinnung auf den König von Himmelshausen.

Tatsächlich duftete es eines Tages in der Vatikanbank herrlich nach frischem italienischem Speiseeis, und die Kinder standen mittwochs meist Schlange, weil es an diesem Tag immer Freieis – vom Heiligen Vater höchstpersönlich serviert – gab.

»Was man von euch nicht alles lernen kann«, meinte der Papst nachdenklich und streichelte den Kindern zärtlich übers Haar. Immer mehr veränderte er sich und den Vatikanstaat. Mit den Jugendlichen ging er donnerstags ins Papstkino und alle Bettler Roms durften in der kalten Jahreszeit im Petersdom übernachten. »Johannes Paul hätte bestimmt auch seine Freude an euch gehabt!«, sagte der oberste Katholik, der inzwischen tatsächlich »ein Diener aller Diener« war, wenn er nachts durch die Reihen der Armen schritt und seine »Ehrengäste« mit Decken und heißem Tee persönlich versorgte. Sie durften auch bei den Gottesdiensten immer vorn sitzen, und die Kardinäle mussten ab sofort auf den hinteren Bänken Platz nehmen. Am liebsten fuhr der Papst mit Helm und Eddy am Sonntag auf der Tante Paula über den Petersplatz hinweg in die kleinen Gassen Roms. Endlich war er wieder da, wo er hingehörte. Es erging ihm wie Jesus vor dem Kölner Dom. Einer unter den Seinen.

Dies störte einige Traditionalisten unter ihnen so sehr, dass sie Eddy und Anna-Leena gern nach Afrika »weggelobt« hätten. Dort sei die Erde schließlich warm und weich. Sie hätten da nicht so schwer zu kratzen und zu wühlen. Doch ein Eduard Kratzfuss durchschaute ihre Hinterlist. Und es kam noch schlimmer: Viele hassten Eddy und wollten ihn am liebsten mit der Mistforke ihrer verstaubten Theologie aus ihrer gewohnten Umgebung verscheuchen.

Mobbing im Vatikan? »Ach«, sagte der Papst zu Eddy, »das gibt's in jeder Kirche, im Fußballverein und in jeder Firma. Wenn du gegen den Wind pinkelst, hast du immer ein Problem. Die Freigeister haben es eben nicht leicht auf dieser Erde. Egal, wo. Und doch sind sie wichtig und dürfen nie fehlen. Die ›Spinner‹ von heute sind die Visionäre und Macher von morgen!«

Eddy nickte und der Papst stellte ihn und Anna-Leena als seine persönlichen Sekretäre in der Sektion I, das war der sogenannte Nahbereich des obersten Katholiken, an. So konnte niemand – auch keiner der Wür-

denträger im ganzen Vatikan – Eddy und seiner Liebesmaus ans Fell. Es hätte sie nämlich das Amt gekostet. Und darauf waren die meisten scharf. Sie liebten ihre Titel und wollten gern HOCHWÜRDEN genannt werden. Ihr Erfinder dagegen hatte nie einen Titel, war aber von Herzen DEMÜTIG! Einige der hohen Diener waren es allerdings auch. Man spürte das sofort. Wenn die Augen funkelten, dann war die Demut meist ihre innere Sonne.

Eddy allerdings hatte die Erfahrung gemacht, dass LIEBEN auch ohne Amt sehr gut geht. Er liebte sie alle: Männer und Frauen, Kinder und Teenies. Ihm kam es in erster Linie auf die Menschlichkeit und damit auf die Würde jedes Einzelnen an.

Sonntagnachmittags luden Eddy und Anna-Leena die leichten Mädchen Roms zu Tee und Schachspiel in die nicht öffentlichen Räume ihrer Residenz ein. Anna-Leena hatte von dem unwürdigen Umgang einiger mit den Frauen im Beichtstuhl erfahren und wollte ihnen gern helfen. Vielen vermittelten Anna-Leena und Eddy auf Dauer einen guten Job irgendwo im Land, sodass der Ansturm aufs Schachspielen mit der Zeit deutlich nachließ. So einen Wandel im Vatikan hatte die Welt schon lange nicht mehr gesehen und der Ruf der Kirche Roms erstrahlte immer mehr in einem neuen und glaubwürdigen Glanz.

Eddy spürte seine Zufriedenheit, und deshalb nahm er die Ehrenbürgerschaft des Papstes schließlich doch an. Nichts wollte er doch lieber, als die unnötig steife und starre Art des Hauses mit dem Duft des Mannes zu erfüllen und aufzulockern, den er damals im Kölner Dom zurück ins Leben und zur Freiheit unter den Menschen verholfen hatte.

Eduard liebte Jesus über alles. Ab und zu erschienen er und seine Mutter Maria Eddy im Traum. Einmal hörte er ihn sagen: »Eddy, lass dich nicht von der Lauheit mancher meiner Leute vergiften! Ne Amtskirche hab ich nie gewollt. Dann schon eher eine Feuerkirche. Bleib heiß und locker und vor allen Dingen pflege die dir geschenkten Schuhe des Sängers täglich mit ›Feuercreme‹. Besuch ihn mal! Er wartet auf dich. Und weißt du, was mich am meisten schmerzt? Es gibt noch sooo viele Menschen auf meiner Erde, die ›Das Letzte Spiel‹ und mich immer noch nicht kennen.« Eddy wachte mit neuer Kraft aus diesem Traum auf und teilte die Absicht und den Wunsch seines »Herren« aus Himmelshausen mit vollem Herzen. Es machte »*bumm didi bumm*« in ihm.

Jesus war der Einzige, den er über sich anerkannte, obwohl dieser immer nur einer neben ihm war. Einer unter den Seinen. Er hatte nie geherrscht. Im Gegenteil: Er war der Weltmeister im Lieben und Halten von Gebot Nr.1! Er liebte und diente allen. Ohne Ansehen der Person. Eddy hatte Gott in Jesus gefunden.

Er erzählte diesen Traum dem Papst und dieser segnete ihn, indem er sprach: »Eddy, bleib dran! Du denkst genau richtig. Die Welt liegt dir zu Füßen und es liegt in unserer Hand, ob die Menschen ›Das Letzte Spiel‹ kennenlernen und verstehen. Ich mache dich heute zu meinem Sonderbotschafter für die Frohe Botschaft. Du kommst nämlich in deiner Art in Löcher, Gänge und Ecken der Herzen, wo wir Steiftiere der Kirche trotz aller Lockerungsübungen nie hingelangen!«

Eddy staunte über so viel Selbsterkenntnis und bedankte sich aufrichtig für alle Unterstützung des Heiligen Vaters, und er nahm das Angebot gern an. Er sagte dem Heiligen Vater unter vier Augen aber auch ganz klar, was in seinen Maulwurfsaugen in der Kirche falsch läuft.

Anna-Leena wollte immer schon gern wissen, ob und warum sie denn die einzige Frau in dem »Club der schwarzen Schafe« sei. Sie wäre doch so gerne Kardinälin für Mäusefragen und »Käselochdiplomatie« geworden, doch sie war verheiratet und hatte weibliche Gene in sich. Das war der Grund und leider in der derzeitigen zölibatären Ordnung noch nicht möglich.

»Noch nicht!«, sagte der Papst. »Aber du kannst das doch ändern!«, erwiderte Eddy leicht genervt. »Weltweit würde das der Kirche guttun. Es gibt mehr Frauen als Männer auf der Welt. Der Priestermangel hätte sofort ein Ende und soviel hab ich begriffen: Vor Gott gilt weder Mann noch Frau, sondern ein neues Wesen in der Liebe. Ich hab genug Feuercreme bei mir und ich putz dir und deinen Männern gern die Schuhe, damit sich endlich mal was in dieser Hinsicht bewegt. Die Welt wartet darauf, Heiliger Vater!« Einige Kardinäle nickten. Andere versteiften sich weiter in der Mittelmäßigkeit ihres Herzens.

Vater Paul bekam sechs Enkel von Anna-Leena. Eine Mischung aus Maus und Maulwurf. Sehr drollig und so was von lebendig ... Es passte wirklich! Gott sei Dank lebten sie nicht zölibatär. Sie waren Priester des Alltags und kannten keine Grenzen, die ihnen irgendein Amt auferlegt hätte.

Roberto wurde Priester in Obamien. Er wollte allerdings nicht heiraten. Dieser Zölibat gefiel Eddy, denn er war wirklich freiwillig. Ab und zu besuchte Roberto Eddy in Rom. Dann erzählten sie sich die »Geschichten des Maulwurfs Eduard Kratzfuss«. Am liebsten aber die Geschichte aus der »Nacht der offenen Kirchen«. Roberto hatte die drei Nägel immer bei sich. Und auch er hatte viele Kinder. Wenn er irgendwo auf der Welt eine Kinderstunde oder eine Lesung über Eddy Kratzfuss hielt, ließ er die Nägel aus dem Kölner Dom durch die Reihen gehen und erzählte den Kindern, den Frauen und den Männern die Story vom »Letzten Spiel«. Zeitlebens schaute er jeden Morgen in den Spiegel, ab und zu auch mal in den Beichtstuhl, und er hatte nichts mehr gegen sich.

Eddys Wanne steht bis heute in den Vatikanischen Gärten. Sie erinnert alle Besucher an die »Geschichten des Maulwurfs Eduard Kratzfuss«.

Flitterwochen in Hamburg

Die Hochzeitsreise der Frischvermählten ging tatsächlich nach Hamburg, zurück ins »Pepitaland«. Auf einem »Fliegenden Teppich« landeten Eddy & Anna-Leena in Fuhlsbüttel und der Bodyguard des behüteten Sängers – ein gewisser Herr Kannte – brachte das junge Glück ins Hotel Atlantic.

»Tinchen«, die sich stets um das Wohl des Sängers kümmerte, war auch da. Dort trank man in gemütlicher Runde in aller Maulwurfs-Mause-Ruhe an der Hotelbar ein Gläschen Eierlikör und schmiedete neue Pläne. Ein Mann mit Hut und besonderen sizilianischen Schuhen saß am Klavier, freute sich über Eduard und zog seinen Hut. Eduard machte die Kerzen an und alle sangen: »Hinterm Horizont geht's weiter!«

Der Barkeeper James war ein außerordentlich freundlicher Mann. Er servierte den Eierlikör stilvoll und erzählte seinen Gästen dabei eine Geschichte von der Literaturnobelpreisträgerin Selma Lagerlöf:

»EIN KLEINER GRAUER VOGEL SETZTE SICH EINST AUF DIE

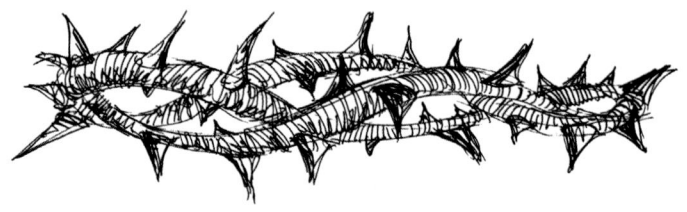

DES ERLÖSERS!

DER VOGEL SPÜRTE DAS UNERMESSLICHE LEID DES MANNES
UND WOLLTE SEINE SCHMERZEN EIN WENIG LINDERN.
MIT SEINEM KLEINEN SCHNABEL BRACH ER
EINEN DORN AUS DER KRONE.
DABEI BERÜHRTE DER VOGEL SICH SELBST MIT DER
SPITZE DES DORNS AN SEINER BRUST.
SOFORT FÄRBTEN DIE FEDERN SICH AN DIESER STELLE ROT.
ER KONNTE SICH BADEN UND PUTZEN, SO VIEL ER WOLLTE.
DER FLECK BLIEB UND ALLE SEINE NACHKOMMEN
TRAGEN IHN BIS HEUTE …!«

»Entstanden so etwa die Rotkehlchen?«, wollte Eduard wissen. Rotkehlchen waren nämlich seine Lieblingsvögel …

Für heute genug!

»UND IMMER SCHÖN LOCKER BLEIBEN!«,

sprach der Maulwurf!

AUSBLICK

Freuen Sie sich auf viele neue Abenteuer
mit und von

EDUARD KRATZFUSS

in Teil II

»EDUARDS WEG NACH HIMMELSHAUSEN!«

Open-Air-Konzert auf dem Petersplatz in Romanien.
»Rock den Felsen!«

Eduard & Anna-Leena
reisen mit dem »Fliegenden Teppich«
nach Uranien, um dem Präsidenten des Landes
eine Krawatte und eine Tante Paula zu schenken.
Dabei entdeckten sie Uran und
einiges mehr in seinen Taschen.

Ihre Reise führt sie weiter nach Hollandien
und in das Schokoladenland für Steuerfragen.

Für kurze Zeit kriselt es in der Ehe Kratzfuss
und Eddy nimmt sich eine »Auszeit« in einem Kloster.
Dabei macht er eigenartige Erfahrungen...

Doch alte Liebe rostet nicht ...
& v.a.m!

DANKE!

An den Mutmacher:
den päpstlichen Prälaten,

HERRN GENERALVIKAR DR. DOMINIK SCHWADERLAPP

vom Erzbistum Köln,
für seine liebevolle Ermutigung und Befürwortung
zur Veröffentlichung dieses Buches.
Um sicher zu sein, dass ich keine religiösen Gefühle bei den Lesern verletze,
schickte ich ihm vor Veröffentlichung mein damaliges Arbeitsmanuskript
mit der Bitte um Prüfung und einer evtl. Korrektur.

Er schrieb mir folgende Antwort und erlaubte freundlicherweise,
seine Gedanken zum Buch der Leserschaft vorzulegen:

Sehr geehrter Herr Hilbert,

mit Ihrer Mail vom 24. Januar 2010 haben Sie mir eine Freude bereitet: Die illustrierten „Geschichten des Maulwurfs Eduard Kratzfuß", die Sie als PDF-Datei beigefügt haben, stellen einen wirklich ungewöhnlichen Ansatz einer gleichwohl spürbar engagierten Glaubensverkündigung dar. So wenig Ihre Geschichte aus meiner Feder stammen könnte, so wenig man sie als Dogmatik-Lehrbuch lesen sollte, so wichtig erscheint sie mir in dem breiten Spektrum von Glaubensgeschichten, die Menschen zum Nachdenken bringen wollen.

Ihrer Bitte entsprechend habe ich den Text weiteren Mitbrüdern vorgelegt. Übereinstimmend kommen wir zu dem Ergebnis, dass so mancher, der sich vom Katechismus nicht gleich angesprochen fühlt, Ihre Erzählung dagegen mit Vergnügen und Schmunzeln lesen mag. So könnte er einen Zugang zum Glauben finden, den ihm die traditionelle kirchliche Katechese gerade nicht eröffnet. Katholischer Glaube ist keineswegs grau, einförmig oder gar eintönig, sondern vielgestaltig und bunt; das bemerkt man insbesondere, wenn man die gesamte Weltkirche betrachtet. Danke für Ihren Einsatz, der nach meinem Eindruck mitten aus Ihrem Herzen kommt!

Ach ja: Abschließend noch ein Tipp an Eddy! Wenn er wieder Ärger mit dem Würstchenverkäufer bekommt (Stichwort „Maulwurffleisch"), dann soll er einfach eine Predigt über das alttestamentliche Buch Levitikus, Kapitel 11, Vers 29 halten. Maulwürfe werden dort als „unrein" bezeichnet; das klingt zwar nicht schmeichelhaft; bedeutet aber ganz einfach, dass man sie nicht essen darf ...

Mit meinen besten Grüßen und Segenswünschen an Sie und alle Ihre Lieben

Ihr Dr. Dominik Schwaderlapp

Erzbistum Köln – Generalvikariat
Büro des Generalvikars

Und ohne EUCH gäbe es mich & EDDY so nicht!
Meinen herzlichen Dank an:

Walburga Marianne Christine Hilbert
für ihre **königliche** Liebe & die Feindurchsicht meiner Kunst.

Meine Eltern und meinen Bruder,
Elfrieda, Paul Arthur & »Bubi« in »Himmelshausen!«
Gisela, Anneliese, Heino, Britta, Heinz & Maria on Earth.

Meinen lieben Freund, Weggefährten & Komplizen,
dem »Fuchs« **Udo Lindenberg,**
für s**eine Liebe und Treue** zu meiner »eduardistischen ART«.
Seine Inspirationen und die jahrelange Ausbildung in den
»sizilianischen Schuhen mit den speziellen Absätzen!«
»Let's go together to ›Himmelshausen‹! There is a great party!«

Bernhard & Martin Müller sowie das gesamte **Fe-Medien-Team,**
für ihren **langjährigen Mut und Glauben** an den »unbekannten« Künstler.

Den Sekten- und Weltanschauungsbeauftragten des Bistums Essen,
Pfr. Gary Lukas Albrecht,
für seine theologisch-fachliche und freundschaftlich
geduldige Beratung meiner Person, des Buches, inkl. **Lektorat.**

Pfr. Klaus Knackstedt & Pfr. Oskar Rauchfuß
(nicht verzagen, Oskar fragen!) & **Lisa Kandolf,**
für alle **»kathoamüsanten Beratungen«** im Alltag
und beim Entstehen der Figur Eduard Kratzfuss.

Den Mutmachern **Pfr. L. Gronbach & R. Mann.**

Den **»Wunderillustrator«** und Chefdesigner des Himmelscafes,
Manuel Nordus (Palme Design),
für seine **hervorragenden Illustrationen**
und **jahrelange flexible und künstlerische Freundschaft in Geduld.**
Ohne **deine Bilder und Ideen** wäre das Buch weniger vorstellbar. **Du bist der BESTE!**

Die lieben Fachfrauen für innerbetriebliche Zusammenhänge:
Prof. Barbara Maasche
für das **treffende Fachwort** zum Buch und alle »kuristischen Anwendungen«
in Sachen »Maulwurfsnachtruhe«,
und als Eduard vom »Wühlen« einst sehr »platt« war …
Angelika Preißer, für allen **Ent-Tüddel-Service.**

»Dr.« Jörg Fischer und seinen »Fischergirls«
für die »maulwurfsmedizinische Versorgung in Krisenzeiten«,
den »Maulkünstlern« Dr. Klöss, Walter Veit, Frau Dr. Niedmann und ihren Teams
für ins & aufs Maul schauen.

Paul Badde für die »römische Beratung!«
Michael Wielath & Thommy Millhome, Ben Streubel, Bernd Neuser,
Klaus Frustorfer, Beate Busch u. v. a. »Engel«
für liebevolle Radio & TV- & Print-Promotion
Kilian Levin Paul Hilbert (9) & dem Chefkoch Michele Wanderburg
fürs Abnicken des Manuskriptes, damit »Opa Erwin« es nicht »zu fromm« macht!

Sponsoring:
Julian & Mario, die Rollerexperten von »TANTE PAULA«,
Claudia Kalkmann, Berit-Xenia Vox & Frau Kulgemeyer & Team von MARENGO
Harald Ullmann von der Tierschutzorganisation *PeTA* Deutschland.

Meinen fantastischen Musikproduzenten und Kumpels
Sebastian Winkler & Florian Olszewski
für alle CDs und das geplante Hörbuch »Eduard Kratzfuss« 2010,
Kieran Klaus Hilbert für alle musikalische Assistenz und den Kratzfuss-Song.
Den »Wunderproduzenten« Lukas Hilbert für die Coverberatung aus L.A.

Hermanus Dijks für Freundschaft & die »Hollandconnection«
und die Übersetzung ins Niederländische.

»Agent« Christoph »Promikon« Buskies
für alle preiswerten »Wühlaktionen!« in Pepitaland und Umgebung.
Und allen, denen das »Wühlen« immer noch Spaß macht.
Meinem Mops Titus, alias Sundance (5),
und die ich vor lauter Wühlen mal wieder vergessen habe ...

Nicht zuletzt Dank für die »Geschichte mit dem Rotkehlchen«
an den nettesten Barkeeper der Welt:
James***** aus dem Hotel Atlantic in Hamburg,
»Heidi & Heidi« fürs Probelesen! Angelika Fronius für den »Steert« & das Atelier!
Bernd Lehmann, der »Schneemann« und »Rosenkavalier« aus Neuenkirchen-Tewel,
für gelegentlichen Rat & Tat!

»SOLI DEO GLORIA!«
Erwin P. Hilbert